AF397017

INSTRUCTIONS

ET PRIÈRES

POUR

LE JUBILÉ UNIVERSEL

DE L'ANNÉE SAINTE,

IMPRIMÉES PAR ORDRE

DE MONSEIGNEUR L'ARCHEVÊQUE

Prix 75 centimes.

A PARIS,

CHEZ ADRIEN LE CLERE ET Cⁱᵉ,

IMPRIMEURS DE N. S. P. LE PAPE, ET DE Mgr L'ARCHEVÊQUE,

quai des Augustins, n° 35.

1826.

PERMISSION.

Hyacinthe-Louis DE QUELEN, par la miséricorde divine et la grâce du saint Siège apostolique, Archevêque de Paris, etc. avons autorisé et autorisons par les présentes le sieur Adrien Le Clere, notre Imprimeur ordinaire, à imprimer les *Instructions et Prières pour le Jubilé universel de l'année sainte*, à l'usage de notre diocèse, à la charge par lui de ne pas les vendre plus de 75 c. broch.

Donné à Paris, en notre Palais Archiépiscopal, sous notre seing, le sceau de nos armes, et le contre-seing de notre Secrétaire, le 15 Février 1826.

† HYACINTHE, *Archevêque de Paris.*

Par Mandement de Monseigneur,

Tresvaux, *Chanoine, Secrétaire.*

MANDEMENT

DE MONSEIGNEUR

L'ARCHEVÊQUE DE PARIS,

POUR LE SAINT TEMPS DE CARÊME,

ET POUR LA PRÉPARATION AU JUBILÉ UNIVERSEL
DE L'ANNÉE SAINTE.

HYACINTHE-LOUIS DE QUÉLEN, par la miséricorde divine et la grâce du saint Siège apostolique, Archevêque de Paris, Pair de France, etc.

Au Clergé et aux Fidèles de notre Diocèse, Salut et Bénédiction en NOTRE SEIGNEUR JÉSUS-CHRIST.

S'il est un temps, NOS TRÈS-CHERS FRÈRES, où les Pasteurs chargés du soin de vos ames doivent ressentir plus vivement les brûlantes ardeurs du zèle, et à la fois les tendres émotions de la charité sacerdotale, c'est bien celui où *la miséricorde et la bonté de Dieu notre Sauveur* (1), se montrant, en quelque sorte, plus prévenante et plus accessible, semble nous inviter aussi avec plus d'instance *à puiser aux sources* (2) du salut, dont elle veut nous rendre l'abord plus facile. Or quelle année plus féconde en biens spirituels que celle qui vient de s'ouvrir, et dont le nom seul promet une riche effusion de grâces au monde catholique, et à notre zèle une ample moisson!

Après cinquante années d'attente, elle reparoît

(1) Tit. II, 11. — (2) Isaï, XII, 3.

pour nous, avec le retour du Carême, cette *année sainte*, célébrée d'abord de siècle en siècle, et dont ensuite le bienfait put être renouvelé quatre fois dans l'espace de la plus longue vie, comme pour en sanctifier les principales et les plus importantes époques. Elle revient l'*année sainte* par excellence, ainsi appelée à cause des moyens plus multipliés qu'elle offre aux Chrétiens de répondre à leur céleste vocation, d'*atteindre avec* une courageuse *patience au but qui leur est proposé* (3), et de s'assurer la possession de cette gloire éternelle réservée aux Saints pour leur immortel héritage.

Du haut de la Chaire apostolique d'où il préside toutes les Églises, et d'où il les gouverne avec la double *primauté de juridiction et d'honneur*, le digne successeur de saint Pierre vient de la proclamer solennellement, et de l'étendre jusqu'à nous cette année de *plénière indulgence* et de *Jubilé universel*, où, moyennant quelques conditions légères, mais accomplies avec la ferveur d'une sincère contrition et d'une véritable pénitence, il nous sera possible d'acquitter presqu'en un instant les dettes immenses dont nous sommes redevables à la souveraine justice, pour tant de jours passés dans l'oubli ou la négligence de nos devoirs, dans une infraction coupable ou dans un criminel mépris des divins commandemens. Dispensateur suprême des trésors infinis de l'Eglise, le Chef des Pasteurs, après en avoir enrichi la ville où se conserve sans altération le dépôt de notre foi, a daigné les ouvrir à tous ceux que le suprême *Évêque de nos ames* (4) lui a associés dans la hiérarchie sacrée, afin qu'à leur tour chacun d'eux puisse aussi les communiquer à son troupeau avec une égale et surabondante mesure.

(3) Hebr. XII, 1. — (4) I Petr. II, 25.

Elle approche, elle commence cette année de pardon général, de réconciliation entière, de rémission totale, de parfaite concorde, où le mur de séparation qui nous éloignoit de Dieu étant une fois tombé, nous verrons aussi se rapprocher généreusement tant de cœurs jusqu'à présent divisés, s'embrasser au pied des autels des hommes vieillis dans la haine, et qui avoient juré d'y persévérer jusqu'au tombeau.

La voici, nous la saluons avec de vifs transports de reconnoissance, cette année d'une jubilation toute céleste, d'une *paix que le monde* ne connoît pas et *qu'il ne peut donner* (5) ; où les agitations de la conscience étant apaisées, le trouble des passions ayant disparu, l'Etat comme les familles refleuriront à l'ombre d'une Religion dont la main réparatrice sait calmer toutes les douleurs, adoucir toutes les amertumes, guérir toutes les plaies, et dont le bienfaisant empire ne s'étend jamais que pour le bonheur de ceux qui ne craignent pas de s'y soumettre. Enfin, nous vous l'annonçons, N. T. C. F., *cette année de la rédemption du Seigneur*, suivant l'expression d'un Prophète, semblable à celle qu'il avoit vue, lorsqu'il nous représente le Messie sous la figure d'un guerrier invincible, plein de grâce et de noblesse, dont la bouche *profère la justice, dont les mains sont puissantes pour sauver*, qui n'a besoin de personne pour triompher des plus redoutables ennemis, et dont les anciennes victoires sur le démon et sur l'enfer doivent rassurer le peuple chrétien témoin de ses nouveaux combats. N'en doutons pas, N. T. C. F., Jésus-Christ se prépare encore des triomphes nouveaux ; son CŒUR a médité sur nous la plus douce des vengeances, et son CŒUR s'apprête à l'exercer : il veut dompter

____

(5) Joan. xiv, 27.

par son amour les esprits superbes et rebelles ; il veut, par de nombreuses et éclatantes conversions, apprendre au monde que sa miséricorde n'est pas épuisée, qu'elle s'étend de siècle en siècle ; que la grâce du Rédempteur des hommes n'est affoiblie ni par la grandeur de leurs maux, ni par la multitude de leurs iniquités, ni même par la profondeur de leur malice : *dies enim ultionis in corde meo , annus redemptionis meœ venit* (6).

Ne nous abusons-nous pas, N. T. C. F., et ne seroit-ce pas une illusion, que de les attendre ces heureux fruits du Jubilé, dans un temps semblable à celui où nous vivons, dans les circonstances où la Religion se trouve placée ? Les ressources sont-elles en proportion avec les besoins, et les moyens ne sont-ils pas au-dessous des obstacles ? Hélas ! combien le nombre des ouvriers pour la semence et la moisson évangélique est insuffisant ! Tandis que la vieillesse, les infirmités et la mort ferment les yeux aux anciens, l'homme ennemi sème à pleines mains l'ivraie dans le champ du père de famille ; elle a déjà crû, elle commence à étouffer le bon grain : l'empressement et les efforts de la jeunesse sacerdotale qui succède ne déracineront-ils pas le froment en voulant arracher la zizanie ? Les esprits sont si susceptibles et si faciles à se prévenir ou à s'irriter : que fera le zèle le mieux dirigé et le plus constant ? À quoi bon d'ailleurs tant de soins ? les scandales se multiplient, leur débordement nous enveloppe, un déluge d'un nouveau genre menace de submerger les principes de la la foi, la règle des mœurs, et jusqu'aux fondemens de la société. Les maximes hardies ont prévalu, les doctrines pestilentielles ont corrompu l'air que l'on respire, le poison des écrits pernicieux a cir-

(6. Isai. LXIII, 4.

(7)

culé dans toutes les veines, de manière à infecter plusieurs générations ; effets déplorables d'une licence qui alarme, et que condamnent même les plus zélés partisans de cette liberté raisonnable, dont il est si difficile aux plus sages de marquer à présent les justes bornes et de régler la mesure. Est-il possible de surmonter le mal ? d'un côté, le relâchement poussé jusqu'à l'indifférence, de l'autre, un plan d'attaque conduit avec tant d'art. Prétendons-nous donc ressusciter les morts, ou, par une révolution subite, opérer un changement qui n'appartient pas même désormais à la longueur du temps et au travail des siècles? Ah! Seigneur, nous annonçons à votre peuple des choses vaines : au lieu de chercher à le flatter par l'espoir du salut et de la paix, ne devrions-nous pas, au contraire, essayer de l'intimider et de l'abattre par la menace de vos châtimens, et par le bruit de votre tonnerre prêt à éclater?

Voilà ce que répètent mille voix différentes : notre devoir est de recueillir toutes ces paroles, d'en faire le sujet de nos méditations; ainsi nous le suggère notre tendre sollicitude pour vous, N. T. C. F.: car dévoués, comme vous savez que nous le sommes, à vos intérêts éternels, et même à ceux qui regardent votre félicité présente, nous nous croyons obligés d'observer les temps, afin de reconnoître ce qu'ils nous permettent d'entreprendre et de dire pour préparer et pour assurer votre parfait bonheur. Ainsi le *serviteur* de l'Évangile, *que le maître a placé à la tête de sa maison,* calcule avec une *prudence égale à la fidélité* les ressources dont la dispensation lui est confiée, observe les momens où il faut en faire usage, et la manière dont il doit les employer, afin de *les distribuer à chacun selon qu'il est sage, convenable* ou nécesaire (7).

(7) Matth. xxiv, 45.

(8)

Mais non, mes Frères bien-aimés, non, nous ne pouvons abandonner l'espérance que nous avons conçue. Quelque douleur que nous ressentions des maux de l'Église, quelque profondément affligés que nous soyons des chagrins qu'elle éprouve, nous ne laissons pas d'espérer beaucoup de ces jours favorables que la divine miséricorde fait luire sur nous; nous croyons que ces préparatifs de grâces, non-seulement ne seront pas inutiles, mais encore qu'ils produiront une crise salutaire où nous reprendrons une vie nouvelle; *confidimus autem de vobis, dilectissimi, meliora et viciniora saluti* (8). C'est en Dieu que nous nous confions, et non pas en nos propres forces; *il ne lui est pas plus difficile de sauver avec un petit nombre qu'avec une grande multitude* (9). Celui qui nous envoie *prêcher aux captifs l'année de délivrance, porter aux affligés la consolation, et rendre le courage aux pusillanimes* (10), ne nous laissera pas manquer des moyens de remplir notre mission céleste. Il *fera reposer sur nous son esprit;* il nous prêtera sa force et son onction. Comme à Daniel au milieu de Babylone, il nous communiquera, avec l'activité du jeune âge, le calme et le discernement *qui font l'honneur de la vieillesse* (11). Comme aux Disciples et aux Apôtres, *il nous donnera de fouler aux pieds toute la puissance de l'ennemi* des ames, *et d'éviter toutes ses ruses* (12). Nous éleverons la croix qui est la vertu de Dieu, et à son aspect les malades spirituels recouvreront la santé; nous publierons l'Evangile de vérité, et sa lumière dessillera les yeux : ses adversaires n'auront prévalu un instant, que pour rendre sa victoire plus éclatante; ils apprendront que rien n'est capable de résister à la sagesse

(8) Hebr. vi, 9. — (9) I Machab. iii, 18. — (10) Isai. lxi, 1, — (11) Dan. xiii, 5o. — (12) Luc. x, 19.

du Très-Haut, qu'en vain on veut lui opposer des obstacles, qu'elle les surmonte avec une énergie que rien n'égale, et le plus souvent par les moyens les plus foibles en apparence; *certamen forte dedit illi ut vinceret, et sciret quoniam omnium potentior est sapientia* (13).

Alors, N. T. C. F., alors Jésus-Christ, le Roi immortel des siècles, affermira son règne parmi nous : après tant d'orages et de tempêtes, à l'ombre de sa protection, selon la parole du Prophète Isaïe, *nous demeurerons tranquillement assis dans la beauté de la paix, dans la sûreté de nos tabernacles, et dans un repos plein d'abondance* (14). Image véritable de l'état florissant et prospère d'une société soumise au joug de la foi, dont tous les membres feroient de ses sublimes ordonnances l'objet de leurs méditations et la règle de leurs mœurs : leçons précieuses données aux princes et aux sujets comme le traité de politique le plus excellent, dans lequel ils apprennent ce qu'ils ont droit d'attendre les uns des autres, lorsque c'est la Religion de Jésus-Christ qui commande, et que c'est elle qui fait obéir. *Grâces vous soient rendues, Seigneur, qui nous avez apporté la lumière de l'Orient* (15). Hélas ! que de sang répandu, quelle honteuse servitude, ou quel dur esclavage dans ces régions d'où elle a disparu, ou qu'elle n'a pas encore éclairées !

Il ne tiendra qu'à vous, N. T. C. F., qu'ils se réalisent ces vœux de notre cœur. Le succès surpassera l'espérance, si chacun de vous, s'appliquant sérieusement à gagner la grâce du Jubilé, consent à ne négliger aucun des moyens qui lui conviennent pour le rendre encore profitable aux autres. C'est à quoi nous ne cesserons de vous exhorter

(13) Sap. x, 12. — (14) Isai. xxxii, 18. — (15) Luc. i, 68, 78.

tous, en vous rappelant les devoirs que vous imposent à cet égard la justice et la charité chétienne.

Nous nous adressons d'abord à vous, Pasteurs des ames, nos chers Coopérateurs, Prêtres du Dieu vivant, en quelque rang que vous soyez employés au service des autels, respectable Clergé de ce Diocèse, qui nous avez donné tant de marques de votre affection, et qui comptez avec tant de justice sur la nôtre. Le temps du Jubilé est pour nous le temps d'une sanctification plus laborieuse que pour le reste des Fidèles ; c'est un temps de fatigues, de sollicitudes, mais aussi un temps de mérite et de consolation pour un Prêtre qui connoît le prix des ames rachetées par le sang d'un Dieu. Ranimons-nous dans l'esprit de notre sublime vocation ; volons ensuite à la la recherche de tant de brebis dispersées, égarées ou défaillantes : fallût-il les poursuivre à travers les montagnes et dans les déserts, c'est-à-dire, dans les classes les plus relevées comme dans les plus obscures, ne ménageons ni soins ni peines pour les ramener au bercail ; ne nous croyons jamais quittes envers elles ; après avoir épuisé nos forces pour les reconduire sous la houlette du divin Pasteur, alors encore, comme l'Apôtre saint Paul, offrons-nous pour elles en sacrifice, et pour les sauver *désirons de devenir anathème* (16).

Toutefois, N. T. C. F., et quoique jusqu'ici le Clergé de Paris se soit montré irréprochable sur ce point, nous n'hésitons pas à vous recommander encore de ne jamais oublier *de quel esprit vous êtes, et à quelle milice vous appartenez;* quelles sont *les armes* qui vous sont confiées, et avec quelle précaution vous devez vous en servir, de peur que les moyens employés à la défense de la foi ne devien-

(16) Rom. IX, 3.

(11)

nent une occasion de trouble ou des prétextes d'éloi-
gnement ou de haine. Le zèle qui n'est pas tem-
péré par la prudence n'est qu'un zèle humain que
Dieu ne bénit pas; il brûle et consume, au lieu de
réchauffer et de vivifier. Plus *les jours sont mauvais, plus notre circonspection doit être grande;*
plus on nous observe, plus nous *devons nous tenir
sur nos gardes* (17), afin de n'être repris ni dans nos
actions ni dans nos paroles. Que notre conduite
soit la justification de nos discours, et que nos *discours eux-mêmes ne manquent jamais de ce sel de
la sagesse* qui réveille le goût sans irriter l'humeur:
sermo vester semper in gratia sale sit conditus (18).
Si nous ne devons jamais courber la tête pour recevoir avec complaisance *les parfums des pécheurs;*
si l'encens de leurs louanges ne doit jamais obs-
curcir à nos yeux la vérité, nous ne devons pas
non plus, nouveaux *enfans du tonnerre*, ne nous
montrer ardens que pour détruire et pour perdre.
Point de pacte sans doute avec l'impiété; il n'en
faut souscrire ni par la crainte de sa censure, ni
par l'espérance de ses éloges : mais aussi sachons
employer avec persévérance l'heureux secret des
gémissemens, des supplications, des larmes, des
prières; ne nous lassons pas d'opposer la douceur à
la violence, d'échanger *les bénédictions contre les
malédictions, les bienfaits contre l'injustice et les
calomnies* (19); en un mot, ne cessons de mettre
en œuvre cette *charité plus forte que la mort et plus
invincible que l'enfer* (20), dont les *admirables in-
ventions* ramènent quelquefois l'impie, souvent le
désarment, ou parviennent du moins à calmer les
accès de son chagrin et de ses emportemens:

Tandis que les Ministres du Seigneur seront

(17) Ephes. v, 55. — (18) Coloss. iv, 6. — (19) Matth. x, 44.
— (20) Cant. viii, 6.

occupés à ces doux travaux, pendant que la milice sacrée combattra dans la plaine, vous leverez les mains pures vers les saintes montagnes d'où descend la victoire, ames ferventes, et vous surtout, Vierges chrétiennes, épouses de Jésus-Christ, dont les modestes asiles, placés aux extrémités de cette ville immense, semblent des tours avancées qui nous protègent contre les traits de la colère d'un Dieu justement irrité de notre obstination et de notre ingratitude. S'il est *dans la coupe de son indignation une lie* amère *pour les pécheurs endurcis* (21), il y a aussi dans les trésors de sa miséricorde une inépuisable patience qui touche les cœurs, et des miracles de bonté qui les amollissent et qui les changent. C'est à vous à nous les ouvrir ces trésors, nos très-chères Filles : c'est à vous à les obtenir ces miracles, et par un redoublement de ferveur, de mortification et de bonnes œuvres, à faire au ciel une violence qu'il désire et à laquelle il aime à se rendre.

Vous nous aiderez aussi dans cette importante entreprise, pères et mères, maîtres et maîtresses, chefs de famille, de compagnie, de corporations, d'ateliers; et vous, législateurs, magistrats, dépositaires du pouvoir ou du commandement, en quelque degré que ce soit, à quelque ordre que vous apparteniez, civil ou militaire ; nous réclamons aussi le secours de votre influence; nous demandons l'appui de votre exemple, plus encore que l'action de votre autorité. Paroissez ouvertement au milieu de nous, assistez à nos solennités, venez entendre la parole sainte, mêlez-vous à la troupe des Fidèles qui visiteront les Eglises, qui fréquenteront les tribunaux de la réconciliation, qui participeront à la table sacrée; relâchez-vous

_____

(21) Ps. LXXIV, 9.

un peu de l'exigeance d'un service qui ne seroit pas absolument nécessaire ; que vos enfans, vos domestiques, et ceux qui vous sont attachés ou soumis, trouvent le temps de satisfaire aux pieuses obligations qui leur sont prescrites pendant le Carême et le Jubilé : conduisez-les avec vous dans l'accomplissement de tous ces devoirs, et notre ministère ne sera pas stérile, et vous multiplierez les fruits de notre apostolat, dont vous serez d'ailleurs les premiers à goûter les douceurs. S'il falloit vous montrer des modèles en cette circonstance, N. T. C. F., nous n'aurions qu'un mot à vous dire : *Regardez* le trône, *et imitez* (22).

Aurez-vous bien le courage de résister à tant d'efforts réunis, pécheurs que la grâce appelle depuis si long-temps en mille manières, par les afflictions, les infirmités, les mécomptes, les dégoûts du monde et l'ennui de vous-mêmes ; par les exemples de conversions ou de vertus qui vous environnent, par les inspirations secrètes, les remords de la conscience, les terreurs d'un avenir que vos raisonnemens ne peuvent pas plus calmer, que l'agitation continuelle de votre vie ? Ne vous laisserez-vous pas gagner enfin par *la patience et la longanimité du Seigneur ?* Voudrez-vous continuer à grossir *le trésor de colère que votre insensibilité amasse sur votre tête, et dont le jour terrible des vengeances vous révéleroit* trop tard toute la pesanteur (23) ? Ah ! plutôt, revenez, revenez, âmes infidèles ; cédez aux douces et pressantes instances d'un Dieu qui ne veut pas votre mort, mais votre conversion. Ecoutez la voix du Verbe éternel qui a parlé à nos pères par les Prophètes, et ensuite qui s'est fait entendre lui-même à tous les hommes dans l'ineffable mystère de son Incarnation ; il

(22) Exod. XXV, 40. — (23) Rom. II, 5.

(14)

vous crie de retourner à votre créateur, à votre bienfaiteur, à votre père, de lui rendre votre cœur, maintenant du moins qu'il doit être lassé de l'inconstance, de l'injustice, de la vanité des créatures, et de ses propres illusions : *Verbum ipsum clamat ut redeas... saltem fatigata fallaciis* (24).

Hélas ! vous le voyez, N. T. C. F., tout s'écoule autour de nous ; tout nous échappe dans la succession des choses périssables d'ici-bas. Ce monde inférieur n'a nulle consistance ; plus il change, plus il veut changer, et l'accomplissement d'un désir n'est bientôt plus que le tourment d'un autre désir. Mais Dieu demeure ! en lui seul se trouve la vraie possession et le véritable repos ; parce que c'est en lui seul que l'amour est assuré de n'être jamais abandonné de l'objet qu'il aime, s'il ne l'abandonne le premier. Remettez donc entre ses mains ce que vous avez reçu de ses mains ; vous ne perdrez rien avec lui : au contraire, il réparera en quelques jours, en un instant, le malheur de ces années si follement dissipées dans la région du crime ; bien plus, vos plaies, ces plaies si sensibles se fermeront, vos langueurs se guériront, vos habitudes se réformeront, vos foiblesses ne vous feront plus rougir ; vous reprendrez une force nouvelle, vos incertitudes disparoîtront, vos inquiétudes s'évanouiront, vos pensées et vos œuvres ne seront plus vaines ; tout votre être, appuyé sur celui qui est toujours le même, commencera à entrer en partage de son immutabilité : *et reflorescent putrida tua, et sanabuntur omnes languores tui, et fluxa tua reformabuntur* (25).

Du reste, N. T. C. F., conspirons tous ensemble pour le bien, et pour assurer, autant qu'il est en nous, les effets du Jubilé. Faisons ce que peuvent

_____

(24) S. Aug. Conf. lib. IV, cap. XI. — (25) *Ibid.*

nous permettre et notre position et la mesure de grâce qui nous sera donnée ; ensuite confions-nous en Dieu et dans sa toute-puissante miséricorde : *de cætero, fratres, confortamini in Domino et in potentia virtutis ejus* (26). Revêtez-vous de l'armure spirituelle dont parle saint Paul, afin de vous défendre des embûches et des artifices du démon, qui, sans doute, ne manquera pas de redoubler d'efforts pour rendre inutiles les moyens de sanctification et de salut qui vous sont offerts. « Ne cessez d'invoquer le Seigneur en esprit de
» componction et de foi, priant avec une vigi-
» lance continuelle les uns pour les autres, et
» pour nous aussi en particulier, N. T. C. F., afin
» que Dieu nous ouvre la bouche, et nous donne
» des paroles capables d'annoncer avec fruit le
» mystère de l'Evangile (27). »

A Dieu ne plaise, en effet, que, pendant cette laborieuse carrière, où chacun s'empressera de concourir à la propagation du royaume de Jésus-Christ ! à Dieu ne plaise qu'il nous arrive de nous épargner nous-mêmes, de demeurer oisifs, de nous livrer au repos, tandis que nos Coopérateurs et nos Frères dans le ministère sacré porteront le poids du jour et de la chaleur ; que plusieurs d'entre eux consumeront, dans ces travaux, les derniers restes d'une vie dont nous sommes si éloignés d'avoir acquis le mérite : *nunc non, mihi contingat parcere animæ meæ in omni tempore tribulationis ; non enim melior sum fratribus meis* (28)! Préparés à la grande Mission qui va s'ouvrir en votre faveur, par des épreuves de plus d'un genre, que votre amour pour nous vous a fait partager, nous désirons vous consacrer aussi les forces et la santé, qui ne nous ont été rendues que pour vous : nous

(26) Ephes. vi, 10. — (27) *Ibid.* 19. — (28) I Mach xiii, 5.

nous proposons de vous rompre aussi le pain de la divine parole, de parcourir successivement tous les lieux de ce Diocèse, afin de vous encourager, de vous confirmer dans le bien, *de nous consoler mutuellement par les pensées de la foi qui nous est commune* (29). Religieuses vouées à la retraite ; jeunesse précieuse, l'espérance de l'Eglise et de l'Etat, qui remplissez nos écoles ; pauvres et malades, qui languissez dans les hôpitaux ; détenus, qui souffrez dans les prisons ; habitans des campagnes comme des villes, nul de vous ne sera étranger à notre sollicitude : nous voulons aller vous visiter tous, vous faire tous entrer en participation des grâces spirituelles que nous avons recueillies au tombeau des saints Apôtres ; vous porter enfin la bénédiction que nous avons reçue, pour vous tous, du vénérable Pontife aux pieds duquel nous avons eu le bonheur de déposer, en votre nom et au nôtre, l'hommage du respect, de l'obéissance et de la dévotion qui lui appartiennent comme au Chef de l'Eglise et au Père commun des Fidèles, et à qui notre cœur se sent pressé d'offrir encore publiquement le tribut de reconnoissance que nous ont imposé sa bonté touchante, sa bienveillance singulière et sa généreuse hospitalité.

En attendant, N. T. C. F., recevez les prémices de cette bénédiction dans les souhaits que nous formons pour que « le Dieu de paix, qui a res-
» suscité d'entre les morts Jésus-Christ notre Sei-
» gneur, devenu par le sang du testament éternel,
» le grand pasteur du troupeau, multiplie en vous
» ses dons, qu'il incline vos cœurs vers lui, qu'il
» vous rende disposés à toutes sortes de bonnes
» œuvres ; et, afin que vous fassiez sa volonté,
» qu'il l'accomplisse lui-même en vous, et qu'il

(29) Rom, 1, 12.

» opère avec vous ce qui lui est agréable par Jé-
» sus-Christ, auquel soit gloire dans tous les siè-
» cles des siècles ! Ainsi soit-il (30). »

A CES CAUSES, nous indiquons pour le saint
temps de Carême et pour la préparation au Jubilé
les dispositions suivantes :

POUR LE CARÊME.

Nous avons permis et permettons l'usage des
œufs depuis le Mercedi des Cendres jusqu'au Mercredi de la Semaine-sainte, inclusivement.

Nous autorisons MM. les Curés à accorder à
leurs paroissiens des dispenses plus étendues, suivant les besoins personnels, ayant égard cette année à la difficulté de se procurer les alimens mai-
gres, à cause de la sécheresse de l'été.

Nous autorisons également les Supérieurs des
Séminaires et Ecoles ecclésiastiques, des Communautés et Maisons religieuses, les premiers Aumôniers des Collèges royaux, des Maisons royales
d'éducation, des Hôpitaux et Prisons, les Aumôniers des Régimens qui seront en station dans notre Diocèse, pendant le Carême, à accorder res-
pectivement les mêmes dispenses.

Nous exhortons les fidèles à assister aux instructions qui auront lieu dans les Eglises, et à écouter avec fruit la parole de Dieu.

Nous recommandons plus particulièrement à
ceux qui obtiennent des dispenses, de joindre, suivant leurs facultés, l'aumône à la prière, faisant
attention au besoin extrême où se trouvent nos
Séminaires et les prêtres infirmes ; au grand nombre de pauvres, à leurs nécessités et à leur misère.

(30) Hebr. XIII, 20.

enfin aux œuvres diverses de charité utiles à la gloire de Dieu, au salut des ames, et qui ne se soutiennent que par des offrandes volontaires.

POUR LE JUBILÉ.

La Bulle de notre saint PÈRE LE PAPE pour le Jubilé universel ne nous ayant pas encore été adressée d'une manière authentique, nous n'en faisons pas, suivant l'usage, la publication avec notre présent Mandement; mais ayant la certitude de la recevoir incessamment, nous fixons la publication de la dite Bulle et l'ouverture du Jubilé universel au Mercredi 15 du présent mois.

Et après en avoir conféré avec nos vénérables Frères les Chanoines et Chapitre de notre Métropole, nous avons RÉGLÉ ET ORDONNÉ, RÉGLONS ET ORDONNONS ce qui suit :

1° Ce jour, 15 Février, nous célébrerons, pour l'ouverture dudit Jubilé, dans notre Eglise métropolitaine, une Messe solennelle du Saint-Esprit, à laquelle sera convoqué le Clergé, et seront invitées les autorités civiles et militaires de la ville de Paris.

Avant la Messe, nous ferons, dans notre Eglise métropolitaine, la translation des reliques des bienheureux Apôtres saint Pierre et saint Paul, dont notre saint PÈRE LE PAPE a daigné nous enrichir, et que nous avons remises et confiées à nos vénérables frères les Chanoines et Chapitre de notre Métropole, pour être déposées et conservées à perpétuité dans le trésor de Notre-Dame.

La Messe sera précédée de l'Hymne *Veni creator* : on y dira les Oraisons pour le PAPE et pour le ROI. Après l'Evangile, la Bulle du Jubilé universel sera publiée. A l'issue de la Messe, il y aura

Procession générale des saintes Reliques , lesquelles demeureront tout le jour exposées à la vénération des Fidèles.

2° Ce même jour, 15 Février, à sept heures du matin, à midi et à sept heures du soir, le Jubilé sera annoncé par le son des cloches de toutes les Eglises.

3° Le dimanche suivant, 19 du même mois, la Messe paroissiale ou de communauté sera précédée de l'hymne *Veni, creator :* on y dira les Oraisons pour le PAPE et pour le ROI, et l'on y fera, soit après l'Evangile, soit de la manière dont on a coutume de faire les publications solennelles, lecture de la Bulle de notre saint Père le Pape pour le Jubilé universel, ainsi que de notre Ordonnance qui en réglera l'exécution dans notre Diocèse.

4° Pendant les neuf jours qui s'écouleront entre la publication du présent Mandement et celle du Jubilé, c'est-à-dire, du 6 au 15 de ce mois, il sera fait, dans tous les Séminaires et Communautés ecclésiastiques ou religieuses, une *Neuvaine* de prières pour la préparation au Jubilé, et pour demander à Dieu qu'il nous accorde la grâce d'en retirer des fruits abondans. A la Messe, on dira l'Oraison *Pro Ecclesia Parisiensi.* On récitera dans la journée le Psaume LXXIX, *Qui regis Israel, intende ;* l'Invocation au SACRÉ COEUR DE JÉSUS, *Cor Jesu sacratissimum, miserere nobis ;* l'Antienne à la sainte Vierge, *Sub tuum præsidium ;* les Antiennes à saint Denis, à sainte Geneviève, et au Patron principal des différentes Maisons. Nous laissons à la dévotion de chacun, selon l'ordre de l'obéissance, les communions et autres pratiques de piété.

Nous autorisons et nous invitons même MM. les Curés à établir la même *Neuvaine* dans leurs paroisses, et à proposer aux fidèles de la faire , soit en commun à l'Eglise , soit en famille dans leurs maisons, soit en particulier ; ils pourront y joindre des instructions préparatoires.

A la Métropole, cette *Neuvaine* aura lieu le matin à la messe capitulaire, et le soir après Complies.

Et sera notre présent Mandement lu au Prône des Eglises paroissiales, publié et affiché partout où besoin sera.

Donné à Paris, en notre Palais archiépiscopal, sous notre seing, notre sceau et le contre-seing de notre Secrétaire, le jour de la présentation de Notre-Seigneur au Temple et de la Purification de la sainte Vierge , 2 Février 1826.

✠ HYACINTHE, *archevêque de Paris.*

Par Mandement de Monseigneur,

Tresvaux, *Chanoine, Secrétaire.*

JUBILÉ UNIVERSEL.

LÉON, ÉVÊQUE,

SERVITEUR DES SERVITEURS DE DIEU,

A tous les fidèles chrétiens qui verront ces lettres, salut et bénédiction apostolique.

Notre ame tressailloit de joie en Dieu notre Sauveur, lorsque, l'année dernière, après les longues et noires tempêtes qui avoient agité partout la sainte Eglise de Jésus-Christ, nous vous annoncions, au bruit de la trompette apostolique, qu'enfin venoient de luire des jours plus doux et plus heureux. Nous pûmes nous féliciter alors avec vous tous de voir commencer l'année de la miséricorde du Seigneur, l'année du grand Jubilé, dans laquelle le trésor infini des mérites de notre Sauveur et de ses Saints, trésor dont la bonté céleste a daigné nous rendre le dispensateur, et que, par un juste et sévère jugement de Dieu sur les péchés des hommes, l'ennemi du genre humain avoit tenu si long-temps fermé, alloit s'ouvrir de nouveau par le ministère de notre foiblesse. Ainsi, prêchant à tous le temps favorable et les jours de salut, nous exhortâmes avec un amour paternel tous les fidèles chrétiens à apaiser, par la sincère pénitence du cœur et par la réforme des mœurs, la divine majesté tant de fois offensée par nos crimes, à recourir avec confiance au trône de la grâce divine pour obtenir miséricorde dans le moment opportun, à entreprendre, selon la coutume ancienne, un pieux pélerinage aux tombeaux des saints apôtres, afin d'y mériter par d'humbles supplications le pardon de leurs péchés. Aujourd'hui nous vous annonçons avec un nouveau tressaillement de joie qu'à cet égard notre satisfaction a été complète, et que, selon les désirs de notre cœur, l'heureuse année du Jubilé a commencé et fini, non-seulement avec paix et tranquillité, mais encore, par le bienfait de la divine miséricorde, d'une manière pieuse et sainte, et, comme nous avons toute raison de l'espérer, avec beaucoup de profit pour les ames ; car, selon l'antique usage et avec la solennité accoutumée, nous avons ouvert et fermé les portes saintes, soit par nous-même, soit par nos vénérables frères les Cardinaux de la sainte Eglise Romaine. En effet, la veille de la Nativité de Notre-Seigneur, nous avons ouvert nous-même la porte sainte de la basilique du Prince des Apôtres sur le Vatican, avec une joie incroyable de notre cœur, et au milieu d'un grand concours de peuple ; en même temps nous avons commis des cardinaux créés légats *à latere*, pour ouvrir les portes des autres basiliques. Pareillement, la fête de la Nativité du Seigneur revenant après une année révolue, les portes saintes ont été fermées avec le même rit solennel, soit par nous, soit par des Cardinaux également revêtus de l'honorable titre de légats ; de sorte que la fin a parfaitement répondu à de si heureux commencemens.

Il a manqué néanmoins à notre consolation de pouvoir réunir, selon l'ancienne coutume, aux trois basiliques du Prince des Apôtres, de Saint-Jean de Latran et de Sainte-Marie Majeure, la quatrième, celle de Saint-Paul sur le chemin d'Ostie, afin qu'elle fût visitée comme les autres par le concours du peuple pour gagner l'indulgence du Jubilé. Mais ce riche ornement de Rome, monument insigne de la munificence et de la piété des anciens âges, consacré par la religion de tant de siècles, ayant été, il y a environ deux ans, la proie d'un violent incendie (juste sujet de douleur pour nous, pour le peuple romain et pour tout le

monde catholique); en même temps que nous n'é-
pargnons aucun effort pour faire sortir cet édifice
de ses ruines, nous avons jugé convenable de pourvoir à la sûreté non moins qu'à la piété des fidèles
empressés de participer à l'indulgence du Jubilé.
En conséquence, à la basilique du docteur des
nations réduite en cendre, nous avons substitué
l'antique et vénérable basilique de Sainte-Marie
au-delà du Tibre, pour qu'elle jouît, pendant
cette année sainte, des mêmes privilèges et de toutes
les grâces qui avoient été précédemment accordées
à celle de Saint-Paul ; suivant en cela l'exemple
de notre prédécesseur Urbain **VIII** d'heureuse mémoire, qui, voyant qu'au temps du Jubilé pro-
mulgué par lui, les fidèles ne pouvoient sans péril
fréquenter la basilique de Saint-Paul, à cause de
l'insalubrité de l'air et du danger de la contagion,
y substitua cette même basilique de Sainte-Marie
au-delà du Tibre, afin de compléter le nombre
des quatre basiliques dont la visite est prescrite
pour obtenir l'indulgence du Jubilé.

Nous avons donc rempli exactement tout ce qui
étoit de notre ministère ; nous avons ouvert à tous,
par l'autorité qui nous est accordée d'en haut, les
trésors de la miséricorde divine, et nous avons,
avec une affection paternelle, invité tous les chrétiens à venir pleins de joie puiser les eaux dans les
sources du Sauveur, eaux vivifiantes, eaux qui
rejaillissent à la vie éternelle. Mais à quoi tout
cela auroit-il servi, si la pieuse disposition des
fidèles et un zèle sincère pour leur propre salut
n'avoient pas répondu à notre sollicitude et à nos
vœux ? Aussi devons-nous encore à cet égard bénir
notre Dieu et père de notre Seigneur Jésus-Christ,
le père des miséricordes et le Dieu de toute consolation, qui a daigné nous consoler dans cette année au-delà de ce que plusieurs avoient osé atten-

dre, et qui a accordé à ses ouailles d'entendre la voix du pasteur suprême par la bouche de son Vicaire indigne sur la terre. Quoiqu'en effet nous n'ayons pas vu cette multitude d'hommes de toutes les nations du monde qui, à l'occasion du Jubilé, se rassembloient autrefois dans la ville sainte, et dont le spectacle, objet de l'admiration de tout l'univers, réjouissoit merveilleusement les pontifes romains nos prédécesseurs, et les remplissoit de la plus pure comme de la plus vive allégresse, cependant cette diminution du nombre des fidèles accourant aux portiques sacrés, nous avons lieu de l'attribuer non pas à une diminution de foi dans les cœurs ou à un refroidissement pour les œuvres de piété, mais plutôt aux malheurs des temps ; et ces malheurs ont été tels, que ce n'est pas sans une grande apparence de juste raison que beaucoup ont redouté les dangers du pélerinage, encore que d'ailleurs tout se soit passé fort heureusement, Dieu ayant bien voulu, comme en pareille circonstance, éloigner de nous durant ce temps toute espèce de calamités.

Ce bienfait de sa providence ne sera sans doute contesté par personne, si l'on considère avec attention tous ceux qui sont venus dans la cité sainte à l'occasion du Jubilé. Car le concours des Pélerins a été continuel et assez considérable pendant toute l'année : et toutefois il n'y a eu ni dans la ville ni dans les pays où ils ont passé, aucun trouble, aucun tumulte ; mais partout une joie merveilleuse, partout des transports sincères, et la bonne odeur de Jésus-Christ en tout lieu. Et quant à notre capitale, en quel temps y régna-t-il une paix plus profonde, une sécurité plus complète ? A quelle époque vit-on briller d'un plus grand éclat la religion, la piété, la foi, la charité et toutes les vertus ? Quand cette noble cité sembla-t-elle plus mériter le nom de mère et de capitale du monde chrétien, non-seulement par l'autorité du gouvernement spirituel, mais encore par l'exemple de la foi? Oh! quelle belle émulation de ferveur entre les étrangers et les Romains! Comme elle étoit digne des regards de Dieu, des anges et des hommes! Combien de fois nous avons vu de nos propres yeux de nombreuses troupes de nationaux et d'étrangers accourant à l'envi aux saintes basiliques, en esprit d'humilité et avec un cœur contrit, pour recevoir dans leurs âmes purifiées par le sacrement de la réconciliation les mystères vivifians de l'unité chrétienne, invoquant en même temps la céleste clémence, implorant le secours et la protection de la glorieuse vierge Marie, du bienheureux Précurseur et des saints Apôtres, priant tous ensemble pour la paix et l'exaltation de l'Eglise catholique, pour la conservation et le salut de tous ceux qui croient en Jésus-Christ, pour la concorde et la félicité des Princes chrétiens, enfin pour le retour de tous ceux qui s'égarent, et pour la sincère conversion des pécheurs! Combien de fois nous avons entendu de nos propres oreilles les vastes places, les rues et les collines de Rome, retentir au loin de doux cantiques, de pieuses prières et de louanges divines! Combien de fois nous avons senti nos entrailles paternelles profondément émues, en voyant des troupes de Fidèles prosternés à nos pieds honorer dans la foiblesse de notre personne la puissance du Vicaire de Jésus-Christ, et, nous prodiguant tous les témoignages d'une obéissance filiale, révérer en nous le Prince même des Apôtres, dont la dignité se conserve jusque dans son indigne héritier!

Que dirons-nous des services de tout genre, inspirés par la miséricorde chrétienne et rendus aux indigens de toute espèce et de toute nation;

de l'hospitalité exercée envers les pélerins et les étrangers! Avec quelles marques d'une sincère bienveillance n'étoient-ils pas reçus à leur arrivée dans la ville sainte! De quels soins assidus n'étoient-ils pas l'objet! Que d'attentions charitables pour leur faire oublier les fatigues du pélerinage! Est-il besoin de représenter nos vénérables Frères les Cardinaux de la sainte Eglise Romaine et les grands de notre cour donnant, comme il convenoit, l'exemple à tous? Parlerons-nous des autres innombrables fidèles des deux sexes, de tout âge et de toute condition, dont plusieurs, non moins distingués par leur rang et leur noblesse que par une piété véritable, s'abaissant au-dessous même des derniers de leurs frères, se sont faits des modèles vivans d'humilité chrétienne? Et, dans le nombre, on a vu des Princes d'un sang royal, des Souverains qui, par la pratique des bonnes œuvres, dans l'ardeur même de la jeunesse, ont excité, parmi les Romains et les étrangers, une telle admiration, qu'ils ne cessent encore d'en glorifier Dieu et leur père qui est aux cieux. Enfin avec quelles louanges relèverons-nous le zèle éclairé, infatigable, et les travaux continuels des vénérables Prêtres, séculiers et réguliers, qui ont rendu facile à la multitude des pénitens l'accès des sources de miséricorde, fin et but unique de cette salutaire institution du Jubilé? Mais chacun recevra de Dieu la louange qui lui est due pour tout le bien qu'il a fait: quant à nous, qui rappelons nos souvenirs, nous sommes forcés d'avouer que les paroles sont insuffisantes pour exprimer cette joie intime dont notre cœur a été inondé à ce spectacle, et dont le sentiment délicieux nous a tant de fois ému jusqu'aux larmes.

Cette année a donc été véritablement une année de salut, et pour les habitans de cette cité, et pour les nombreux fidèles qui, venus à Rome en pieux pélerinage, pourront, de retour chez eux, confirmer par leur témoignage détaillé ce dont nous n'avons fait qu'une légère esquisse. Car eux-mêmes ont vu plus d'une fois avec admiration quelle est la force de la charité chrétienne pour exciter dans le cœur de ceux qui en sont les témoins, la foi, l'amour de Dieu, le repentir sincère de leurs péchés et un vif désir de perfection; de cette charité chrétienne, dis-je, qui ne se trouve que dans l'Eglise catholique, et qui montre surtout par ses fruits toute la distance qui la sépare de la fausse charité. De retour dans leur patrie, ces pélerins ne raconteront pas seulement combien d'ames foibles ont été fortifiées, combien de malades rendus à la santé, d'égarés remis dans la voie de la justice; mais ils se montreront eux-mêmes renouvelés de cœur et d'esprit, amis de la paix et de la concorde, fidèles à leurs Princes comme à Dieu, et enfin tellement attachés à l'immuable et souverain bien par la foi, l'espérance et la charité, qu'il sera manifeste qu'ils ont déposé tout levain de malice, et qu'ils ont de plus obtenu un riche trésor d'indulgences. Néanmoins ce fruit, quoique abondant, n'est pas le seul ni le principal que nous nous soyons proposé en publiant le Jubilé; car il convenoit que la charité paternelle qui nous presse, embrassât tout l'univers, et pourvût au bien particulier de chacun, sans négliger pour cela le bien général. Nous avons donc répandu sur tous les Fidèles les trésors de la libéralité apostolique, afin que, saintement unis pour le bien commun, ils puissent, par le concert de leurs vœux, obtenir de la clémence du Seigneur qu'il daigne augmenter en sainteté et accroître en étendue, l'Eglise catholique et le royaume de son fils, délivrer le monde de toute erreur, amener tous les hommes à la connoissance de la vérité et les mettre dans la voie du salut, consolider entre les Princes chrétiens cette concorde et cette paix que le monde ne peut donner, sauver enfin son peuple, bénir son héritage et diriger les pas de ses enfans jusqu'à ce qu'il les ait introduits dans les cieux.

C'est pourquoi, pleins de confiance dans la miséricorde de Dieu et dans l'autorité de ses bienheureux Apôtres Pierre et Paul, par le pouvoir suprême de lier et de délier que nous avons reçu du Seigneur, tout indignes que nous en sommes, nous accordons miséricordieusement dans le Seigneur, à tous et chacun des fidèles chrétiens des deux sexes, en quelque partie du monde qu'ils se trouvent, unis de communion et soumis au saint Siège, même à ceux qui peuvent être venus à Rome l'année dernière, et qui, là ou ailleurs, ont déjà, de quelque manière que ce soit, gagné ce même Jubilé, accordé par nous, pourvu que, vraiment contrits, s'étant confessés et ayant communié dans l'espace de six mois, à compter de la publication qui se fera de la présente Bulle dans chaque Diocèse, ils aient visité dévotement l'Église cathédrade ou principale et trois autres Églises du même lieu, ou de la même ville ou de ses faubourgs, lesquelles seront désignées par les Ordinaires, leurs Vicaires ou autres d'après leurs ordres, qu'ils les aient visitées au moins une fois le jour pendant quinze jours consécutifs ou séparés, naturels ou ecclésiastiques (c'est-à-dire, depuis les premières vêpres d'un jour jusqu'à l'entrée de la nuit du lendemain), et qu'ils y aient adressé à Dieu de ferventes prières pour l'exaltation de la sainte Eglise notre mère, pour l'extirpation des hérésies, pour la concorde des Princes catholiques, et pour le salut et la tranquillité de tout le peuple chrétien ; de pouvoir obtenir

une fois l'indulgence plénière de cette même année du Jubilé, la rémission et le pardon de tous
leurs péchés, comme s'ils avoient visité en personne, aux jours marqués, les quatre Basiliques
ou Églises désignées par nous dans et hors la ville
de Rome pour gagner le Jubilé, et qu'ils eussent
rempli toutes les autres conditions requises.

Nous accordons encore, par la teneur des présentes, à ceux qui se trouveroient en voyage sur
terre ou sur mer, s'ils reviennent chez eux ou
qu'ils s'arrêtent dans toute autre résidence après le
temps par nous fixé, de pouvoir gagner aussi l'indulgence du Jubilé, pourvu qu'ils accomplissent
les œuvres prescrites ci-dessus, et visitent autant
de fois l'Eglise cathédrade ou principale ou paroissiale du lieu de leur domicile ou de cette résidence.
Nous accordons pareillement aux susdits Ordinaires
des lieux, le pouvoir de dispenser, seulement des
visites, les Religieuses, les Converses, et autres filles
ou femmes qui vivent, soit dans l'intérieur des
Monastères cloîtrés, soit dans d'autres Maisons
pieuses ou Communautés, ainsi que les Anachorè-
tes et Ermites, et toutes autres personnes, tant laïques qu'ecclésiastiques, séculières ou régulières,
qui se trouvent en prison ou en captivité, ou qui
sont retenues par quelque infirmité corporelle ou
par tout autre empêchement qui soit un obstacle
aux susdites visites ; et de dispenser de la communion les enfans qui n'ont point encore été admis à
la première communion ; comme aussi de prescrire
à toutes et à chacune desdites personnes, soit par
eux-mêmes, soit par les Prélats ou Supérieurs réguliers auxquels elles sont soumises, ou par de
prudens Confesseurs, d'autres œuvres de piété, de
charité ou de religion, pour leur tenir respective-
ment lieu de ces visites ou de la communion sa-
cramentelle ; et même de réduire le nombre des

visites, ainsi que la prudence le leur suggérera, en faveur des Chapitres, Congrégations, tant de séculiers que de réguliers, Associations, Confréries, Universités ou Collèges, qui visiteront processionnellement les mêmes Eglises.

En outre et en vertu de la même autorité, et par une grande faveur de la condescendance apostolique, nous donnons et accordons aux Religieuses et à leurs Novices la faculté de se choisir, à l'effet mentionné ci-dessus, tel Confesseur qu'elles voudront, approuvé par l'Ordinaire actuel du lieu où sont établis leurs Monastères pour entendre les confessions des Religieuses, et à tous et chacun des autres fidèles chrétiens des deux sexes, tant laïques qu'ecclésiastiques, séculiers et réguliers de quelque Ordre, Congrégation et Institut que ce soit, même qui devroit être spécialement dénommé, la permission et la faculté de se choisir, à ce même effet, tel Prêtre Confesseur qu'ils voudront, soit séculier, soit régulier, même d'un autre Ordre et Institut quel qu'il soit, parmi ceux approuvés pareillement pour entendre les confessions des personnes séculières par les Ordinaires actuels des villes, diocèses et territoires où ces confessions devront être faites; lesquels Confesseurs pourront, dans ledit espace de six mois, en recevant les confessions de ceux et de celles qui se présenteroient à eux avec la sérieuse et sincère résolution de profiter du Jubilé, et de faire pour cela toutes les œuvres nécessaires, les absoudre, pour cette fois, et dans le for de la conscience seulement, des excommunications, suspenses et autres sentences ecclésiastiques et censures encourues de droit, ou portées par quelque juge ou pour quelque cause que ce soit, même réservées aux Ordinaires des lieux, ou à Nous et au Siège apostolique, même dans les cas qui sont réservés, fût-ce par forme spéciale, à qui que ce soit, et au souverain Pontife et au Siège apostolique, et qui, autrement, ne seroient pas censés compris dans une concession, quelqu'étendue qu'elle pût être ; comme aussi les absoudre de tous péchés et excès, quelque graves, quelque énormes qu'il soient, pareillement réservés auxdits Ordinaires, et à Nous et au Siège apostolique, comme il est dit ci-dessus, en leur imposant une pénitence salutaire et leur enjoignant tout ce que de droit ; pourront aussi commuer en d'autres œuvres pieuses et salutaires toute espèce de vœux, même confirmés par serment et réservés au souverain Pontife (excepté toujours ceux de chasteté, de religion, ceux qui forment une obligation acceptée par un tiers, ou qui ne pourroient être violés sans préjudicier à autrui, excepté encore ceux par lesquels on s'impose une peine, et qu'on appelle préservatifs du péché, à moins que la commutation ne fût jugée aussi propre à éloigner du péché que la matière du premier vœu) ; pourront enfin dispenser les pénitens élevés aux ordres sacrés, même les réguliers, de l'irrégularité occulte, qui rend inhabile à exercer les mêmes ordres et à être promu à des ordres supérieurs, et encourue seulement par la violation des censures.

Nous n'entendons pas dispenser néanmoins par les présentes d'aucune autre irrégularité publique ou occulte, d'aucun défaut, note d'infamie, ou autre incapacité ou inhabilité, de quelque manière qu'elles aient été contractées, ni donner la faculté d'en dispenser ou de réhabiliter et de rétablir au premier état, même dans le for de la conscience ; nous n'entendons pas non plus déroger à la constitution publiée avec les déclarations convenables par notre prédécesseur Benoît XIV, d'heureuse mémoire, commençant par ces mots : *Sacramentum pœnitentiæ*, et datée des calendes de juin de l'an de Notre-

Seigneur 1741, et le premier de son pontificat. Enfin nous n'entendons pas que ces lettres puissent ou doivent profiter en aucune manière à ceux qui auroient été par Nous et par le Siège apostolique, ou par quelque Prélat ou Juge ecclésiastique, nommément excommuniés, suspens, interdits, ou qui auroient été déclarés ou dénoncés publiquement comme ayant encouru d'autres censures et peines portées par des sentences, à moins que, dans l'intervalle desdits six mois, ils n'aient donné satisfaction, et ne se soient, en tant que de besoin, arrangés avec les parties.

Du reste, si quelques-uns, après avoir commencé l'accomplissement des œuvres prescrites, dans le dessein de profiter du Jubilé, étoient prévenus par la mort avant d'avoir achevé le nombre fixé de visites; désirant favoriser par notre bienveillance leurs pieuses et ferventes dispositions, nous voulons que, pénétrés d'un vrai repentir, s'étant confessés et ayant reçu la sainte communion, ils participent à la susdite indulgence et rémission, comme s'ils avoient réellement visité lesdites Églises dans les jours prescrits. Que si quelques-uns, après avoir obtenu, en vertu des présentes, les susdites absolutions de censures, dispenses ou commutations de vœux, viennent à abandonner la sérieuse et sincère résolution, à ce requise, de gagner le Jubilé et par conséquent de faire les œuvres nécessaires à cet effet, quoiqu'en cela on puisse à peine les réputer exempts de péché, nous ordonnons et déclarons que les dispenses, absolutions et commutations obtenues par eux avec les dispositions susdites, persistent dans toute leur force.

Cette déclaration solennelle de nos intentions et de notre volonté, nous l'adressons principalement à tous les Patriarches, Primats, Archevêques, Évêques et autres Prélats ordinaires des lieux, ou exerçant légitimement la juridiction ordinaire au défaut des Évêques et Prélats, et qui sont en grâce et communion avec le Siège apostolique; nous les prions et conjurons tous avec ardeur, au nom de notre Seigneur Jésus – Christ, le prince de tous les pasteurs, de ne point perdre de vue la pierre d'où ils ont été tirés, et de s'empresser, dans cette occasion, de manifester de nouveau les liens d'union et d'unité qui les attachent à l'Eglise romaine. Qu'ils annoncent et déclarent ce grand bienfait aux peuples confiés à leurs soins et à leur sollicitude; et que leur diligence pastorale n'oublie point de leur faire sentir l'ineffable providence de Dieu et sa tendre charité pour nous, lesquelles brillent si heureusement dans l'institution et les effets du Jubilé. Car il seroit jugé avec raison tout-à-fait inexcusable, et par conséquent indigne que Dieu lui fît jamais miséricorde, le pécheur qui ne profiteroit pas d'une si grande abondance de grâces et d'un moyen si facile d'obtenir son pardon. Que les Evêques regardent donc comme un devoir de leur charge de déployer le zèle le plus ardent pour que tous les fidèles chrétiens, réconciliés par la pénitence avec Dieu, auteur du véritable salut, fassent tourner la grâce du Jubilé à l'avantage et au profit de leurs ames. Mais nous croyons ce résultat absolument impossible, si vous, nos vénérables Frères, entrant dans nos vues, n'embrassez de tout votre cœur et avec une pleine et parfaite volonté cette partie du ministère pastoral. Afin de pouvoir conduire sagement et avec fruit le troupeau de Dieu qui vous est échu, détournez-le d'abord des pâturages empoisonnés que la perfidie lui offre de tous côtés pour le perdre; découvrez-lui les pièges cachés çà et là, et fortifiez-le par de saints et utiles conseils contre cet affreux amas de tant d'erreurs,

...

et contre les maximes impies de tant d'hommes pervers. Que si, par hasard, vous en rencontrez qui ne peuvent souffrir la saine doctrine et qui ferment les oreilles à la vérité pour se tourner vers des fables, ne perdez pas courage ; mais, vous rappelant de qui vous tenez la place, et quelle cause vous est confiée, exhortez, suppliez, reprenez en toute patience et sagesse, et ne cessez pas jusqu'à ce que, le Christ régnant en vous, vous le fassiez régner partout et partout triompher. Que le nombre, la ruse ou la fureur des ennemis ne vous effraient pas ; car, si le Seigneur nous a donné à soutenir une lutte difficile, c'est pour que nous soyons victorieux. Il a voulu nous apprendre que la sagesse est plus forte que tous les dangers, cette sagesse divine qui, précédant les pas et dirigeant la main et le cœur des Pasteurs chrétiens, n'a jamais laissé et ne laissera jamais les portes de l'enfer prévaloir contre l'Eglise de Jésus – Christ. Sur toutes choses, mettez toute votre vigilance et tous vos soins à enlever du milieu de votre troupeau tant de livres impies, infâmes et contagieux, que le mortel ennemi du genre humain vomit de toutes parts avec une incroyable profusion, et qui, plus que jamais, doivent nous arracher ces gémissemens du Prophète : *La malédiction, le vol et le mensonge ont inondé la terre, et le sang coule sur le sang*. Tous les gens de bien voient, avec une profonde douleur, le fléau des mauvais livres nonseulement ruiner les mœurs, mais ébranler même les fondemens de la foi, et renverser tous les dogmes de notre sainte Religion. Animés du même esprit et du même zèle, armez-vous, armez-vous, vénérables Frères, du bouclier de la foi, afin que vous puissiez éteindre les traits enflammés de l'enfer. Saisissez le glaive de l'esprit, qui est la parole de Dieu, et combattez vaillamment. Si Dieu est pour nous, qui sera contre nous? Ne craignez pas que nos très-chers fils en Jésus-Christ les Rois et Princes catholiques hésitent à se déclarer pour vous. La plupart d'entre eux nous ont adressé de pieuses et humbles supplications pour obtenir en faveur de leurs Etats et territoires respectifs l'extension du Jubilé que déjà, depuis long-temps, à l'exemple des Pontifes romains nos prédécesseurs, nous avions résolu d'étendre à tout l'univers. Il est donc impossible qu'ils ne voient pas avec joie, qu'ils ne s'empressent même pas de seconder de toute leur autorité les efforts que fera votre sollicitude pastorale, afin d'assurer au milieu des peuples qui leur sont soumis l'accomplissement des œuvres reconnues absolument nécessaires pour gagner le Jubilé. La piété sincère, l'amour et le zèle du bien, dont ils doivent tous être embrasés, nous dispenseroient de les exciter à défendre de toute insulte l'Eglise de Jésus-Christ, dont ils se glorifient justement d'être les fils, et à regarder comme un devoir de leur charge et de leur dignité de pourvoir aux besoins des Fidèles de leurs Etats, surtout en ce qui concerne la foi et le salut des ames. Aucun d'eux n'ignore qu'il est écrit : « Il n'y a point de puissance qui ne vienne de Dieu ; » et ailleurs : « C'est par moi que règnent les Rois, et que les législateurs ordonnent ce qui est juste ; c'est par moi que commandent les Princes et que les puissans rendent la justice. » Il n'est personne qui ne voie, ainsi que l'expérience elle-même l'a prouvé jusque dans ces derniers temps d'une manière si éclatante, que la cause de l'Eglise et celle des Princes ne sont qu'une seule et même cause ; car jamais on ne rendra à César ce qui est à César, si d'abord on ne rend fidèlement à Dieu ce qui est à Dieu. Qu'il y ait donc en eux, et en vous, vénérables Frères, un égal amour pour la Religion, et travaillez tous avec un saint concert à procurer la gloire de Dieu, l'intégrité de la foi et des mœurs, et la félicité des peuples. Ainsi, par cette publication que nous aurons faite du Jubilé universel, et par la ferveur qu'on aura mise à le gagner dans toutes les parties du monde catholique, on verra, chaque jour, le royaume de Jésus-Christ, comme le trône des Princes, s'affermir de plus en plus, prospérer et s'étendre.

C'est maintenant à vous tous, enfans de l'Eglise catholique, que nous adressons la parole ; aujourd'hui que marchant sur les traces de nos prédécesseurs et acquiesçant aux pieux désirs de tous les Fidèles, nous étendons à l'univers catholique l'indulgence plénière du Jubilé, nous vous exhortons tous, et chacun de vous en particulier, solennellement et avec prière, de ne pas recevoir en vain une si excellente grâce de Dieu. En ce temps plus que jamais, nos très-chers fils, il est nécessaire de rentrer dans vos cœurs, afin de faire de dignes fruits de pénitence et d'échapper à la colère qui approche. Voilà ce que vous crient, ce que vous commandent ces malheurs mêmes dont nous sommes depuis si long-temps accablés, et qui peut-être menacent de peser encore plus sur nos têtes, si le repentir ne nous ramène dans le vrai sentier de la justice ; car le bras de Dieu est encore étendu. Ecoutez donc, nations de l'univers ; prêtez l'oreille, vous tous habitans du monde, car c'est la mission de Jésus-Christ même que nous remplissons près de vous ; c'est comme son représentant que nous vous exhortons. Réconciliez-vous avec Dieu ; faites pénitence ; gardez-vous des faux prophètes, qui viennent à vous sous des peaux de brebis, et qui, au dedans sont des loups ravisseurs : vous les reconnoîtrez à leurs fruits. Ne vous laissez pas égarer par des doctrines étrangères et trompeuses : car vous êtes environnés de faux christs et de faux prophètes, qui, affectant les dehors de la piété, en abjurent les sentimens ; qui, feignant de n'attaquer que la superstition et les abus, travaillent à bouleverser tous les fondemens de la Religion ; qui, vous appelant à la liberté, vous invitent à secouer le joug de vos Princes, tout prêts, si vous avez le malheur de les écouter, à vous imposer le joug le plus pesant, et des chaînes que vous ne briseriez jamais. Entourez donc vos oreilles d'une haie d'épines et refusez d'entendre les langues méchantes. Rejetez de vos mains tous les livres impies et licencieux : c'est là cette coupe d'or de Babylone, pleine de toutes les abominations, et dans laquelle on verse aux imprudens un poison mortel. Ne balancez pas à imiter la foi et l'exemple des premiers chrétiens, qui, instruits des vérités évangéliques et de la science du salut, recherchoient tout ce qu'ils pouvoient trouver de livres contenant des doctrines frivoles et mensongères et les livroient aux Apôtres, pour en faire la proie des flammes. En sera-t-il un seul parmi les enfans de l'Eglise catholique, dont la foi et les mœurs aient fait un si déplorable naufrage, qu'il refuse, pour obtenir la grâce du Jubilé, de sacrifier au Seigneur les abominations des Egyptiens ? Ainsi, nous vous en conjurons tous en Jésus-Christ, avec les plus vives instances, ne méprisez pas les richesses de la bonté, de la patience et de la longanimité de Dieu ; n'allez pas, ignorant ou voulant ignorer que sa bonté vous invite à la pénitence, vous amasser un trésor de colère pour le jour de la colère. Mais que chacun de vous repasse devant Dieu, toutes ses années, dans l'amertume de son cœur ; qu'il pleure et lave ses péchés, abjure ses erreurs, déteste et fuie les maîtres du mensonge, et se tourne enfin vers Dieu, de tout son cœur, afin que le Sei-

gneur apaisé et se tournant lui-même, vers son
peuple, lui devienne favorable, et qu'au lieu de
fléaux trop mérités, il lui accorde une abondance
de biens dans cette vie, pour lui en prodiguer de
beaucoup plus grands dans l'autre.

Nous voulons aussi et ordonnons que les présentes lettres aient en tout leur valeur et leur effica-
cité, et qu'elles sortissent et obtiennent leurs pleins
effets partout où elles auront été publiées et mises
à exécution par les Ordinaires des lieux, et qu'elles
soient pleinement applicables à tous les fidèles chrétiens vivant dans la grâce et l'obéissance du Siège
apostolique, soit qu'ils demeurent dans ces lieux,
soit qu'ils y rentrent au retour d'une navigation
ou d'un voyage, nonobstant les constitutions apostoliques qui défendent d'accorder des indulgences
ad instar, et autres constitutions semblables éma-
nées des conciles généraux, provinciaux et syno-
daux, nonobstant les ordonnances et réserves générales ou spéciales d'absolution, de rémission ou
de dispenses; nonobstant tous statuts, lois, usages,
coutumes de tous Ordres mendians et militaires,
Congrégations et Instituts, lors même qu'ils seroient
confirmés par serment, par autorité apostolique
ou de toute autre manière; nonobstant aussi les
privilèges, indults et les lettres apostoliques qui
leur auroient été accordées, et surtout celles où il
seroit expressément interdit aux profès de quelque
Ordre, Congrégation ou Institut, de se confesser
hors de leur communauté. Nous dérogeons donc
pleinement à toutes et chacune des constitutions,
lois, coutumes et concessions susdites, quand bien
même, pour que cette dérogation fût suffisante, il
auroit dû être fait d'icelles et de toute leur teneur,
mention spéciale, expresse, particulière et déter-
minée, ou que l'accomplissement de toute autre
formalité extraordinaire eût été requis, regardant

ces teneurs comme exprimées, et ces formalités comme exactement remplies, pour cette fois seulement et pour les effets ci-dessus énoncés, et nonobstant toutes autres choses à ce contraires.

Nous voulons, de plus, qu'il soit ajouté aux copies des présentes, manuscrites ou imprimées, signées de la main d'un notaire public, et munies du sceau d'une personne constituée en dignité ecclésiastique, la même foi que l'on ajouteroit à ces lettres mêmes, si elles étoient représentées et montrées en original.

Que nul homme donc ne se permette d'enfreindre ou de contrarier, par une entreprise téméraire, cette Bulle d'extension, d'exhortation, de commission, de concession, de dérogation, d'ordonnance et de commandement. Si quelqu'un osoit le tenter, qu'il sache qu'il encourra l'indignation du Dieu tout-puissant et de ses bienheureux Apôtres Pierre et Paul.

Donné à Rome, à Saint-Pierre, l'an de l'incarnation du Seigneur 1825, le 8 des calendes de janvier, l'an troisième de notre pontificat.

Signé, B., *Cardinal pro-dataire.*

Pour le Cardinal Albani,

Le Substitut Capacoini.

MANDEMENT

DE MONSEIGNEUR

L'ARCHEVÊQUE DE PARIS,

POUR LA PUBLICATION

DU JUBILÉ DANS SON DIOCÈSE.

HYACINTHE-LOUIS DE QUÉLEN, par la miséricorde divine et la grâce du saint Siège apostolique, Archevêque de Paris, Pair de France, etc.

Au Clergé et aux Fidèles de notre Diocèse, Salut et Bénédiction en NOTRE SEIGNEUR JÉSUS-CHRIST.

Dieu étant le principe et la fin des œuvres de religion, NOS TRÈS-CHERS FRÈRES, son esprit doit être aussi la règle de celles que nous entreprenons pour son amour et pour sa gloire, ainsi qu'il nous l'apprend lui-même dans les saintes Écritures, lorsqu'il se compare à un ami sûr et fidèle, qui veut conduire avec autant de prudence que d'affection celui qu'il honore de sa tendresse, et qui en dirige avec un ordre admirable non-seulement toutes les actions, mais encore jusqu'aux pensées et aux sentimens : *Dilectus meus ordinavit in me caritatem* (1).

Notre devoir, N. T. C. F., est de ne jamais perdre de vue un si parfait modèle dans le gouvernement des ames confiées à nos soins, comme le vôtre est de suivre avec une scrupuleuse docilité la route

____

(1) Cant. 11, 4.

que l'honneur du service de Dieu, et le zèle pour vos propres intérêts, nous commandent de vous tracer dans la pratique des exercices extérieurs de la piété.

Sans vouloir donc rien diminuer de la ferveur avec laquelle vous vous êtes déjà préparés à recueillir les grâces du Jubilé, et que nous désirons, au contraire, voir de jour en jour se fortifier et s'accroître, nous avons cru cependant qu'il importoit au bien public et à votre utilité, de réduire à une juste mesure les actes solennels que votre dévotion ne craindroit pas de multiplier; de déterminer avec précision la manière d'accomplir les conditions prescrites par la Bulle, en même temps que nous étions attentifs à vous offrir les moyens d'y satisfaire avec plus de facilité, afin qu'au milieu du mouvement et des travaux de cette sainte carrière, nouvelle pour la plupart d'entre vous, l'Eglise de Paris présente l'image de cette grande et heureuse *cité de Dieu*, qui ne connoît point de confusion, *et dont la paix fait les délices* (1).

A CES CAUSES, I° Nous DÉCLARONS ce qui suit :

La Bulle, *Exultabat spiritus noster*, de notre saint Père LE PAPE, en date du huitième jour des calendes de janvier 1825, portant extension du Jubilé universel de l'année sainte à tout l'univers catholique, est et demeure publiée dans notre Diocèse.

Conformément à ladite Bulle, le Jubilé est ouvert dans notre Diocèse dès ce jour, 15 février. Il durera six mois, et finira le 15 août. Nous exhortons néanmoins les Fidèles à se mettre en état de le gagner pendant les trois premiers mois, attendu que les instructions, processions et autres exercices

____

(1) Psal. XLV, 5.

de piété que nous ferons faire, pour les disposer à recueillir les fruits du Jubilé, ne seront point continués après la fête de la Pentecôte.

Les conditions prescrites par le SAINT PÈRE, pour participer à l'indulgence du Jubilé, sont : 1.º de se confesser avec un vrai et sincère repentir de ses fautes ; 2.º de visiter avec piété et dévotion, pendant quinze jours consécutifs ou interrompus, dans l'espace de six mois que durera le Jubilé, quatre des Eglises désignées par Nous pour Stations, et de réciter, à chaque visite de chacune desdites Eglises, cinq fois l'*Oraison Dominicale* et la *Salutation Angélique*, pour l'exaltation de la sainte Eglise notre mère, l'extirpation des hérésies, la paix et la concorde entre les Princes catholiques, le salut et la tranquillité du peuple chrétien ; 3.º de recevoir la sainte Communion avec la pureté de cœur et la préparation qu'exige cet auguste Sacrement.

II.º En conséquence, nous avons RÉGLÉ ET ORDONNÉ, RÉGLONS ET ORDONNONS les dispositions suivantes :

§ I.er — *De la Confession.*

Tous les Curés de ce Diocèse, ainsi que tous les Prêtres approuvés par écrit de Nous ou de nos Grands-Vicaires, à l'exception de ceux dont nous jugerons à propos de restreindre les pouvoirs, pourront entendre en confession toutes les personnes qui s'adresseront à eux pour le Jubilé, les absoudre dans le for de la conscience, et pour une fois seulement, des cas et censures réservés au saint Siège ou à Nous, et commuer leurs vœux, s'il y a des raisons légitimes pour le faire, et s'ils ne sont pas du nombre de ceux qu'excepte la Bulle de Sa Sainteté.

Les Religieuses, à quelque Ordre qu'elles appartiennent, pourront aussi s'adresser, pour la confession du Jubilé, à tels des susdits Curés et Confesseurs qu'elles trouveront à propos de choisir,
pourvu toutefois qu'ils soient approuvés par écrit
pour entendre les confessions des Religieuses. Les
Confesseurs se souviendront que le Jubilé ne sup-
plée point aux dispositions nécessaires dans le pénitent, pour obtenir en tout autre temps la rémission de ses fautes par le Sacrement de Pénitence,
et qu'ils doivent différer le Jubilé à ceux à qui les
saintes règles de l'Eglise ordonnent de suspendre
l'absolution.

§ II. — *Des Visites et Stations.*

Nous désignons pour Stations dans Paris, outre
notre Eglise Métropolitaine, l'Eglise patronale de
Sainte-Geneviève, et indistinctement toutes les
Eglises paroissiales et succursales de cette Ville et
de ses Faubourgs; de plus, nous désignons toutes
les autres Eglises ou Chapelles ouvertes au public.
Tous les Fidèles de la Ville et de ses Faubourgs,
à l'exception toutefois des personnes dont il est
fait mention dans la Bulle de Sa Sainteté, seront
obligés, pour gagner le Jubilé, de visiter, par
chacun des quinze jours de Stations, notre Eglise
Métropolitaine, et, à leur choix, trois autres des
Eglises ou Chapelles désignées ci-dessus : l'Eglise
patronale de Sainte-Geneviève et l'Eglise paroissiale de chacun devront cependant être visitées
une fois durant le cours des Stations de quelque
manière qu'elles soient faites, ainsi qu'il sera dit
ci-après.

Nous assignons pour Stations, aux Religieuses
et Filles des Communautés, et autres personnes
qui vivent dans des Monastères ou Communautés

de Filles, leur Eglise avec trois Chapelles ou Oratoires qui leur seront désignés par leurs Supérieurs ou Supérieures.

Nous autorisons aussi les Curés et Supérieurs ecclésiastiques des Hôpitaux et Maisons de charité ou de détention, les Supérieurs des Séminaires et Congrégations, les premiers Aumôniers des Collèges ou Maisons d'éducation, les Aumôniers des régimens dont les corps sont en station dans notre Diocèse, pendant le Jubilé, à indiquer aux personnes qui demeureront dans lesdites Maisons, ou dont ils ont la charge spirituelle, trois Oratoires ou Chapelles pour Stations, outre l'Eglise qu'elles seront obligées de visiter. Nous étendons la même autorisation aux Pensions de Filles auxquelles MM. les Curés jugeront convenable de l'appliquer.

Afin de faciliter aux habitans de la campagne et autres lieux de ce Diocèse les moyens de gagner le Jubilé, nous désignons pour Stations dans lesdits lieux les Eglises dont il est parlé ci-dessus; en outre, toutes les Eglises paroissiales de tous les bourgs ou villages de ce Diocèse, même les Eglises ou Chapelles de Communautés, s'il y en a où le public soit ordinairement admis. Les personnes qui habitent lesdits lieux pourront gagner le Jubilé en visitant, pendant quinze jours consécutifs ou interrompus, outre l'Eglise de leur Paroisse, trois autres des Eglises ou Chapelles ci-dessus désignées, soit à la ville, soit à la campagne.

Nous autorisons MM. les Curés de la campagne, dont les Eglises seroient trop distantes les unes des autres pour que leurs paroissiens puissent facilement visiter quatre Eglises en un seul jour, à indiquer, dans leur Eglise paroissiale, trois Chapelles ou Oratoires pour Stations, ou même les Croix, si elles ont été bénites, qui auroient été ou qui seroient placées, soit dans les Cime-

res , soit dans quelque autre endroit du terri-
ire de la Paroisse.

*Après en avoir conféré avec nos vénérables Frè-
les Chanoines et Chapitre de notre Métropole,*
y aura dans Paris, à l'occasion du Jubilé, de
ncert avec l'autorité publique, quatre Proces-
ns extérieures faites par le Chapitre métropoli-
n , auquel se réunira tout le Clergé de la Ville
des Faubourgs. Ces Processions générales seront
seules qui pourront avoir lieu dans la Ville ;
ite autre est interdite à l'extérieur : le cérémo-
l en sera fixé, il désignera le chemin qu'elles
vront parcourir, et les Eglises qu'elles devront
iter pour les Stations. On y portera successive-
nt les reliques des bienheureux Apôtres saint
rre et saint Paul ; celles de sainte Geneviève,
tronne de Paris, et de saint Louis, Roi de
nce ; celles de saint Denis, premier Evêque de
is, et de saint Remi, Archevêque de Reims ;
in les reliques insignes de la Passion de Notre-
gneur Jésus-Christ qui sont conservées à la
tropole : savoir, la portion de la vraie Croix,
ainte Couronne d'épines, et l'un des saints
us avec lequel Notre-Seigneur fut crucifié :
is avons eu le bonheur de retrouver, l'année
nière, cette précieuse relique de l'ancienne Ab-
e de Saint-Denis, et nous en avons reconnu
thenticité après les enquêtes préalables.
Tous réduisons les quinze jours de visites pres-
es par la Bulle du Jubilé, à trois jours, en fa-
r de tous ceux qui feront les Stations proces-
nellement, ainsi qu'il vient d'être dit : en
e que tant les Ecclésiastiques que les Fidèles
sferont ; par chaque jour de visites faites pro-
ionnellement, à cinq jours de visites faites en
ticulier. Voulons même que ceux qui auront
té à une ou plusieurs Processions ne soient

pas obligés d'assister à toutes les quatre, ni mê[me]
à trois de ces quatre Processions, mais qu'ils pu[is]
sent achever en particulier, ou en commun a[vec]
leur Paroisse, le nombre de jours de visites pr[es]
crites par la Bulle, et qui leur resteroient à fa[ire]
pour le compléter.

Il ne sera pas nécessaire, pour accomplir a[u]
les conditions des Stations, de parcourir en to[ta]
lité le chemin que devront suivre les Processi[ons]
générales, il suffira d'assister à chacune des Sta
tions que fera la Procession, et d'y réciter [en]
union avec elle les cinq *Pater noster* et les ci[nq]
Ave Maria.

Il ne sera pas non plus nécessaire d'entrer d[ans]
l'Eglise avec la Procession ; si le vaisseau é[toit]
trop étroit pour contenir la foule des Fidèles[, il]
suffira de s'unir aux prières qui se feront d[ans]
l'Église stationale, et de réciter, quoiqu'en deh[ors]
les cinq *Pater* et les cinq *Ave.*

Outre ces visites faites processionelleme[nt,]
MM. les Curés réuniront deux fois les Fidèle[s de]
leur Paroisse dans les Églises stationales, ou m[ê]
s'y rendront en commun avec eux, comme [a]
été fait au dernier Jubilé. Ces visites devront [être]
faites au milieu du jour et dans un grand recu[eil]
lement, sans aucune autre cérémonie extérie[ure.]
Ils auront soin de se concerter entre eux su[r le]
moment de faire ces visites, de manière que tou[t]
passe avec ordre et avec la dignité convenab[le à]
cette action. Pour arriver à ce but, nous i[ndi]
quons les jours à chacune des paroisses, dans [le]
tableau annexé au présent Mandement.

Nous réduisons également les quinze jour[s de]
visites prescrites par la Bulle, à trois jours, [pour]
ceux qui feront en commun les Stations, [ainsi]
qu'il est dit ci-dessus ; en sorte que tant les E[cclé]
siastiques que les Fidèles satisferont, par cha[que]

ur de visites ainsi faites, à cinq jours de visites
ites en particulier. Voulons même que ceux
ii auroient assisté à une ou à plusieurs des sus-
tes visites ne soient pas obligés d'assister à
utes les deux, mais qu'ils puissent achever en
rticulier le nombre des jours de visites prescrites
r la Bulle, et qui leur resteroient à faire pour
compléter.
Ces visites en commun par les Paroisses, ne
urront être faites à l'Église Métropolitaine de
c heures à midi, non plus que de deux à trois
ures, à cause de l'Office capitulaire.
MM. les Curés devront avertir la veille dans les
roisses qu'ils devront visiter le lendemain.
Chaque Séminaire et chaque Maison ecclésias-
ue pourra faire en commun trois jours de vi-
:s stationales, ainsi qu'il est dit pour les Pa-
sses.
Nous réduisons également, en faveur de ces
blissemens, les quinze jours de visites prescrites
 la Bulle, aux trois jours de Stations ainsi
es, de manière que les membres desdits Eta-
semens satisferont, par chaque jour de Sta-
is ainsi faites en commun, à cinq jours de
tions faites en particulier. Voulons même que
x qui auront assisté à une ou plusieurs de ces
tes en commun ne soient pas obligés d'assister
us les trois jours; mais qu'ils puissent achever
particulier le nombre des jours de visites pres-
es par la Bulle.
Nous maintenons cependant pour tous l'obliga-
i de visiter de plus en particulier l'Église Mé-
politaine, l'Église patronale de Sainte-Gene-
re et l'Église paroissiale respective, si l'une de
Églises n'avoit pas été visitée soit par les Pro-
ions générales, soit en commun par les Pa-
ses.

Dans les campagnes, les Processions publiqu
pour le Jubilé auront lieu comme il est d'usa
pour les Processions dans les autres temps de l'ar
née : nous exhortons cependant MM. les Curés
se concerter avec les Autorités locales, et à les
inviter particulièrement, afin que, par leur co
cours et par leur présence, l'ordre, la décence
la dignité soient encore plus parfaitement observ

Nous donnons pouvoir aux Confesseurs de d
penser, en tout, ou en partie, de la visite c
Eglises stationales, soit de Paris, soit des aut
lieux de ce Diocèse, tous ceux et celles qu'ils j
geront légitimement empêchés, et de leur prescr
telles œuvres de piété, de charité et de religio
qu'ils jugeront convenables pour leur tenir li
desdites visites.

§ III. *Communion.*

La Communion du Jubilé peut se faire dans
cours des six mois, dans telle Eglise de notre E
cèse que l'on voudra choisir ; nous invitons cep
dant les Fidèles à la faire dans leur Paroisse aut
qu'ils le pourront. Nous leur rappelons que la Cc
munion pascale doit être faite à la Paroisse, d
la quinzaine de Pâque, c'est-à-dire, depuis le
manche des *Rameaux* inclusivement, jusqu'au
manche de *Quasimodo* aussi inclusivement.

Les enfans qui n'ont point encore fait leur p
mière Communion pourront être dispensés
leurs Confesseurs de faire la Communion du
bilé ; ils gagneront l'indulgence, en rempliss
toutes les autres conditions prescrites par la Bu

§ IV. — *Pratiques de piété, OEuvres satisfactoi Prières, Jeûnes, Aumônes,* etc.

Nous exhortons les Fidèles à assister fréqui
ment au très-saint sacrifice de la Messe pendai

temps du Jubilé, cette œuvre de religion étant la plus excellente et la plus capable de nous disposer à toute sorte de biens.

Nous les exhortons également à assister avec assiduité aux instructions plus multipliées, qui seront faites dans les Paroisses pendant le temps du Jubilé, se souvenant que l'ignorance volontaire de leurs devoirs ne sera pas pour eux une excuse au tribunal de Dieu.

Les Pères et Mères, les Maîtres et Maîtresses, sont de plus rigoureusement obligés en conscience, à procurer tous les secours nécessaires d'instruction à leurs enfans et à tous ceux qui leur sont soumis.

Quoiqu'il suffise, pour gagner le Jubilé, de réciter les Prières ordonnées par la Bulle de Sa Sainteté pour les différentes fins qui y sont indiquées, nous exhortons les Fidèles à y joindre, par dévotion, quelques-unes de celles qui sont contenues dans un petit Livre imprimé par notre ordre, et à prier pour notre saint Père le PAPE, pour le ROI, pour Monseigneur le Dauphin, pour Madame la Dauphine, pour la famille Royale et pour Nous. Nous leur recommandons aussi de prier pour le soulagement des ames du Purgatoire.

Il n'est point ordonné de jeûne ni autres pratiques de pénitence pour gagner le Jubilé. Nous n'en prescrivons aucune; la ferveur elle-même ne doit pas s'en imposer sans l'avis d'un Directeur sage et éclairé; mais nous rappelons aux Fidèles l'observance plus exacte du double précepte du jeûne et de l'abstinence du saint temps de Carême, exhortant ceux qui n'ont pas de raisons légitimes de dispense à se montrer plus fermes contre les illusions de la sensualité, et les foiblesses du respect humain.

Quoique la Bulle de notre saint Père le PAPE ne

prescrive point d'aumônes, pour gagner le Jubilé, cependant ceux qui sont en état de soulager les pauvres, doivent faire attention que l'aumône est un des moyens les plus efficaces pour racheter leurs péchés, et pour attirer sur eux les miséricordes du Seigneur.

Nous leur recommandons particulièrement nos petits Séminaires, qui ne subsistent que par la charité des Fidèles, et que nous ne pouvons soutenir qu'avec leurs secours continuels. Combien il seroit affligeant pour nous de penser que le temps ne seroit pas éloigné, où, faute de ressources, nous serions bientôt dans le cas de voir diminuer et s'éteindre insensiblement ces Ecoles ecclésiastiques d'où dépend la perpétuité du sacerdoce, et par suite la conservation de la Religion ! Nous renouvelons à MM. les Curés l'instante prière que nous leur avons faite si souvent de s'occuper, avec beaucoup de soin, de l'œuvre éminemment pastorale dite *OEuvre des petits Séminaires,* commencée par la prévoyante sollicitude de notre illustre et vénérable prédécesseur le Cardinal de Périgord, continuée avec un zèle infatigable par un grand nombre de Dames pieuses, et que le souverain Pontife Léon XII a daigné encourager par sa bénédiction particulière et la concession de plusieurs indulgences (1).

§ V. — *Dispositions générales.*

On pourra exposer dans les Eglises stationales la vraie Croix et autres Reliques ; mais on ne changera rien, dans lesdites Eglises, pour tout le reste : elles seront parées selon le rit et l'usage du Diocèse.

(1) Le rescrit qui contient le détail de ces indulgences a été imprimé : il sera délivré *gratis* chez Adrien Le Clere et Ce, quai des Augustins, n° 35.

La clôture du Jubilé se fera le 15 août, fête de l'Assomption de la très-sainte Vierge. Ce jour, après la Procession du vœu de Louis XIII, il sera chanté, dans notre Eglise Métropolitaine, un *Te Deum* d'actions de grâces, qui sera suivi d'un Salut et de la Bénédiction du très-saint Sacrement.

Le dimanche dans l'Octave, 20 août, après les Vêpres, le *Te Deum* d'actions de grâces pour la clôture du Jubilé sera chanté ou récité dans toutes les Eglises, Chapelles et Oratoires du Diocèse. Il sera suivi du Salut et de la Bénédiction du très-saint Sacrement.

Et sera la Bulle *Exultabat spiritus noster* de N. S. P. le Pape, portant extension du Jubilé universel de l'année sainte, ensemble notre présent Mandement, lue et publiée solennellement dans toutes les Eglises et Communautés de notre Diocèse, le Dimanche 19 février, et affichée partout où besoin sera.

Donné à Paris, en notre Palais archiépiscopal, sous notre seing, notre sceau et le contre-seing de notre Secrétaire, le 15 février 1826.

† HYACINTHE, *Archevêque de Paris.*

Par Mandement de Monseigneur,

TRESVAUX, *Chanoine, Secrétaire.*

TABLEAU INDICATIF

des jours auxquels les Paroisses de Paris feront en commun les Stations du Jubilé

AVANT PAQUE.

Lundi 20 février..	{	Saint-Nicolas du Chardonnet.
		Sainte-Élisabeth.
Mardi 21.......	{	Saint-Eustache.
		Saint-Vincent de Paul.
Mercredi 22....	{	Saint-Jean-Saint-François.
		Notre-Dame des Victoires.
Jeudi 23.......	{	Saint-Roch.
		Saint-Louis-Saint-Paul.
Vendredi 24....	{	Saint-Séverin.
		L'Abbaye-aux-Bois.
Lundi 27.......	{	Saint-Sulpice.
		Sainte-Valère.
Mardi 28.......	{	Saint-Louis d'Antin.
		Saint-Thomas d'Aquin.
Mercredi 1er mars.	{	Saint-Jacques du Haut-Pas.
		Saint-Antoine des Quinze-Vingts.
Jeudi 2........	{	Saint-Leu-Saint-Gilles.
		Saint-Gervais.
Vendredi 3.....	{	Saint-Pierre de Chaillot.
		Saint-Laurent.
Lundi 6........	{	Saint-Germain-l'Auxerrois.
		Saint-Germain des Prés.
Mardi 7.......	{	Saint-Étienne du Mont.
		Les Missions-Étrangères.
Mercredi 8.....	{	Saint-Louis en l'Ile.
		Saint-Merry.
Jeudi 9........	{	Saint-Nicolas des Champs.
		Notre-Dame des Blancs-Manteaux.
Vendredi 10....	{	Saint-Denis du Saint-Sacrement.
		Notre-Dame de Lorette.
Lundi 13.......	{	Notre-Dame de Bonne-Nouvelle.
		Saint-Médard.
Mardi 14.......	{	Sainte-Marguerite.
		Saint-Philippe du Roule.
Mercredi 15....	{	La Magdeleine.
		Les Invalides.
		Saint-Ambroise de Popincourt.

APRÈS PAQUE.

Lundi 3 avril. . . . { Sainte-Valère.
Saint-Louis en l'Ile.

Mardi 4. . . . . . . { Saint-Ambroise de Popincourt.
Saint-Merry.

Mercredi 5. . . . . { Saint-Étienne du Mont.
Saint-Louis-Saint-Paul.

Jeudi 6. . . . . . . { Saint-Antoine des Quinze-Vingts.
Saint-Roch.

Vendredi 7. . . . { Saint-Denis du Saint-Sacrement.
Notre-Dame de Lorette.

Lundi 10. . . . . . { Saint-Nicolas des Champs.
L'Abbaye-aux-Bois.

Mardi 11. . . . . . { Saint-Pierre de Chaillot.
Saint-Thomas d'Aquin.

Mercredi 12. . . . { Saint-Jacques du Haut-Pas.
Saint-Germain des Prés.

Jeudi 13. . . . . . { Saint-Jean-Saint-François.
Saint-Gervais.

Vendredi 14. . . . { Saint-Louis d'Antin.
Saint-Sulpice.
Saint-Vincent de Paul.

Lundi 17. . . . . . { La Magdeleine.
Notre-Dame des Blancs-Manteaux.

Mardi 18. . . . . . { Sainte-Marguerite.
Notre-Dame de Bonne-Nouvelle.

Mercredi 19. . . . { Saint-Eustache.
Notre-Dame des Victoires.

Jeudi 20. . . . . . { Saint-Nicolas du Chardonnet.
Saint-Médard.

Vendredi 21. . . . { Les Invalides.
Saint-Germain l'Auxerrois.

Lundi 24. . . . . . { Saint-Séverin.
Sainte-Élisabeth.

Mardi 25. . . . . . { Saint-Leu-Saint-Gilles.
Les Missions-Étrangères.

Mercredi 26. . . . { Saint-Philippe du Roule.
Saint-Laurent.

NOTA. Les Séminaires et Maisons ecclésiastiques qui voudront faire en commun les Stations du Jubilé, à l'exemple des Paroisses, pourront choisir le jour qui leur conviendra le mieux.

INSTRUCTIONS
POUR LE JUBILÉ
DE L'ANNÉE SAINTE.

Demande. *Qu'est-ce que l'indulgence ?*

Réponse. L'indulgence est une rémission des peines temporelles, qui, pour l'ordinaire, restent à expier après que le péché a été remis quant à la coulpe et à la peine éternelle.

D. *Est-ce que le sacrement de pénitence ne remet pas entièrement le péché, et toutes les peines qui lui sont dues ?*

R. Le sacrement de pénitence remet entièrement le péché, et il remet aussi les peines éternelles que le péché mortel mérite; mais il laisse et il impose l'obligation de subir des peines temporelles pour l'expiation des péchés qu'il remet.

D. *Pourriez-vous faire voir, par quelque exemple tiré de l'Ecriture, que Dieu remet quelquefois le péché sans remettre toute la peine que le péché mérite ?*

R. Oui : et le saint concile de Trente remarque qu'il y a dans l'Ecriture plusieurs exemples célèbres, qui font voir que Dieu exige souvent de l'homme qu'il expie par des peines temporelles le péché qui lui a été pardonné. C'est ainsi que David, après avoir reçu l'assurance que Dieu lui avoit pardonné son péché, le pleura long-temps, en fit pénitence, et en fut aussi puni par des fléaux que Dieu lui envoya.

D. Dieu en agit-il toujours ainsi, lorsqu'il remet le péché?

R. Non : Dieu n'en agit pas toujours ainsi; et, lorsqu'il a remis le péché par le sacrement du baptême, il n'exige pas que le baptisé expie par des œuvres satisfactoires le péché qui lui a été remis.

D. Pourquoi Dieu en use-t-il différemment dans le sacrement du baptême et dans celui de la pénitence?

R. Il est bien juste que Dieu traite avec plus de sévérité celui qui, ayant été baptisé, pèche avec connoissance de la loi, a violé le temple de Dieu, et contristé le Saint-Esprit, que celui qui a péché par ignorance avant le baptême.

D. Où le chrétien expie-t-il par ces peines temporelles les péchés dont il reçoit la rémission dans le sacrement de pénitence?

R. Il les expie en cette vie par des satisfactions volontaires, ou en l'autre vie dans le purgatoire.

D. L'Eglise a-t-elle le pouvoir d'imposer ces peines temporelles?

R. Oui : l'Eglise a le pouvoir d'imposer des peines temporelles, et elle en a toujours imposé dans l'administration du sacrement de pénitence.

D. La discipline de l'Eglise a-t-elle toujours été la même dans l'imposition de ces peines ?

R. Non : la discipline de l'Eglise n'a point toujours été la même dans l'imposition de ces peines. L'Eglise, toujours conduite par le Saint-Esprit, a jugé à propos, pendant plusieurs siècles, d'imposer pour certains péchés des pénitences publiques, qui duroient souvent plusieurs années, et qu'elle n'a pas coutume d'imposer aujourd'hui.

D. Depuis que l'Eglise n'impose point ordinairement ces sortes de pénitences, le pénitent n'est-il obligé qu'aux satisfactions que le confesseur lui impose ?

R. Comme les pénitences, qui, dans le temps présent, sont enjointes par les confesseurs, sont rarement proportionnées à l'énormité et au nombre des péchés, le pénitent doit, pour l'ordinaire, joindre aux satisfactions qui lui sont imposées dans la confession, d'autres satisfactions ou œuvres de pénitence, que le confesseur ne lui impose pas.

D. Comment feriez-vous voir que celui qui a accompli les satisfactions qui lui ont été enjointes par son confesseur est souvent

encore obligé à d'autres satisfactions vo-
lontaires?

R. Il est aisé de le faire voir. Le péché mé-
ritant présentement une peine aussi grande
qu'il méritoit dans les premiers siècles de
l'Eglise, et les peines, que les confesseurs en-
joignent de nos jours aux pénitens, ayant
pour l'ordinaire peu de proportion avec la
rigueur et la durée de la pénitence que l'E-
glise imposoit alors, sans qu'elle crût excé-
der ce que demandoient la grandeur du péché et la justice de Dieu, il est ordinairement
nécessaire que le pénitent joigne quelques
satisfactions à celles qui lui sont imposées
dans le tribunal de la pénitence.

D. L'Eglise a-t-elle le pouvoir de relâ-
cher et de remettre les peines temporelles,
dont le pécheur est redevable à la justice
de Dieu?

R. Oui : l'Eglise a le pouvoir de relâcher
et de remettre les peines temporelles dues
au péché, et c'est cette rélaxation ou rémission qu'on appelle indulgence.

D. Par quel pouvoir l'Eglise remet-elle
ces peines, et accorde-t-elle l'indulgence?

R. C'est par le pouvoir qu'elle en a reçu
de Jésus-Christ.

D. En quel endroit de l'Ecriture trou-
vons-nous que Jésus-Christ ait accordé ce
pouvoir à l'Eglise?

R. Nous trouvons que Jésus-Christ a accordé ce pouvoir à l'Eglise dans les endroits où il accorde à ses apôtres, et par conséquent à leurs successeurs, le pouvoir de lier et de délier, le pouvoir de retenir et de remettre les péchés.

D. Ne pouvons-nous obtenir la rémission des peines temporelles dues à nos péchés par aucun autre moyen que par l'indulgence accordée par l'Eglise?

R. Outre l'indulgence, il y a d'autres moyens d'obtenir la rémission des peines temporelles dues à nos péchés; et nous l'obtenons surtout par l'ardeur et la force de la contrition parfaite, qui fait que, suivant la parole de Notre-Seigneur, *beaucoup de péchés sont remis à celui qui aime beaucoup.*

D. L'Eglise a-t-elle toujours usé du pouvoir qu'elle a de remettre les peines temporelles dues aux péchés, et d'accorder l'indulgence?

R. Oui : l'Eglise a toujours usé du pouvoir qu'elle a de remettre les peines dues aux péchés, et elle a toujours accordé des indulgences.

D. Y en a-t-il quelque exemple dès le temps des apôtres?

R. Oui, il y en a. L'apôtre saint Paul accorda l'indulgence à l'incestueux de Corinthe en abrégeant le temps de sa pénitence, et lui pardonnant en vue de l'ardeur de sa contrition, et en considération de la charité des fidèles.

D. *En avez-vous aussi quelques autres exemples dans les premiers siècles de l'Eglise?*

R. Oui : les premiers siècles de l'Eglise en fournissent bien des exemples ; et rien n'est si commun, dans ces premiers temps, que l'indulgence que l'Eglise accordoit, en abrégeant le temps de la pénitence publique, aux pénitens qui apportoient des billets ou des recommandations de la part de ceux qui, enfermés dans les prisons, souffroient pour la foi de Jésus-Christ.

D. *N'y a-t-il pas de la diversité dans la manière dont l'Eglise accorde les indulgences?*

R. Oui : l'Eglise les accorde quelquefois d'une manière plus étendue, et d'autres fois d'une manière plus limitée : quelquefois elle les accorde à des particuliers seulement, d'autres fois à tous les fidèles du monde chrétien, d'un royaume, d'une province, d'une ville, ou de quelque corps entier.

D. *D'où les indulgences tirent-elles leur vertu?*

R. Du prix du sang de Jésus-Christ, des mérites et des satisfactions surabondantes de ce divin Sauveur, de celles de la sainte

Vierge et des autres saints, lesquelles forment comme un trésor de biens spirituèls, dont la dispensation appartient à l'Eglise, comme épouse de Jésus-Christ.

D. *Combien y a-t-il de sortes d'indulgences suivant l'usage présent de l'Eglise?*

R. Il y a, suivant l'usage présent de l'Eglise, deux sortes d'indulgences: l'indulgence plénière, et l'indulgence non plénière.

D. *Qu'entendez-vous par l'indulgence plénière?*

R. J'entends celle qui remet, lorsqu'on n'y apporte aucun obstacle, toutes les peines temporelles dues encore au péché, quoique la tache en soit effacée par le sacrement de pénitence.

D. *Qu'entendez-vous par l'indulgence non plénière?*

R. J'entends celle qui ne remet qu'une partie de ces peines : telles sont les indulgences de quarante jours, de cent jours et d'un an.

D. *Qu'est-ce que ces sortes d'indulgences de quarante jours, de cent jours, d'un an, et autres semblables?*

R. Ces indulgences de quarante jours, de cent jours, d'un an, et autres semblables, qui ont un rapport manifeste avec les peines canoniques que l'Eglise imposoit autrefois, lorsque la pénitence publique étoit en usage, remettent aux pénitens la peine dont ils étoient redevables à la justice de Dieu, et qui pouvoit être expiée par les satisfactions qu'on exigeoit autrefois pendant quarante jours, cent jours, un an, ou autre temps précis.

D. L'indulgence plénière dispense-t-elle de faire pénitence?

R. Non : l'indulgence, quelque plénière qu'elle soit, ne dispense point le pécheur de faire pénitence et de se mortifier; saint Cyprien nous fait entendre que Dieu ne ratifioit l'indulgence accordée à la prière des saints martyrs et des confesseurs de la foi, qu'à l'égard des pécheurs qui faisoient pénitence, qui travailloient et qui prioient. Le Pape, dans les bulles d'indulgences, ne les accorde qu'à ceux qui sont vraiment pénitens, et ordonne aux confesseurs de leur imposer des satisfactions salutaires. D'ailleurs la mortification et la pénitence ne sont pas seulement nécessaires, afin de satisfaire à Dieu pour les crimes commis, mais encore pour nous prémunir contre la rechute, pour dompter nos passions et assujettir la chair à l'esprit, et pour nous rendre victorieux de tous les ennemis de notre salut.

D. En quelles occasions accorde-t-on l'indulgence plénière?

R. Les Papes l'accordent en plusieurs occasions, dont les principales sont l'année sainte, l'avènement de chaque Pape au pontificat, et certains besoins pressans de l'Eglise.

D. *Qu'entendez-vous par année sainte?*

R. On donne le nom d'année sainte à la vingt-cinquième, à la cinquantième, à la soixante-quinzième, et à la centième année de chaque siècle.

D. *Pourquoi donne-t-on à ces années le nom d'années saintes?*

R. On leur donne le nom d'années saintes à cause du grand concours de fidèles de tout pays, qui, par esprit de piété, visitent dans ces années les quatre églises principales de Rome, et à cause de l'indulgence plénière qu'ils y gagnent en visitant ces églises, et en faisant les autres œuvres de piété marquées pour la gagner.

D. *Quelles sont ces quatre églises principales de la ville de Rome?*

R. Ces quatre églises sont la basilique de Saint-Pierre, celle de Saint-Paul, celle de Saint-Jean de Latran, et celle de Sainte-Marie-Majeure.

D. *N'y a-t-il que les fidèles qui visitent ces églises de Rome qui aient part à l'année sainte, et qui gagnent l'indulgence plénière qui y est attachée?*

R. Les autres fidèles peuvent aussi avoir

part à l'indulgence plénière de l'année sainte; et nos saints pères les Papes ont coutume d'accorder aux fidèles qui sont éloignés de Rome un nombre de jours après la fin de chacune des années marquées ci-dessus, pendant lesquels, en visitant les églises qui leur sont désignées par leur évêque, et faisant les autres choses ordonnées, ils peuvent obtenir les mêmes grâces que ceux qui ont été à Rome.

D. *Comment appelle-t-on cette indulgence plénière que l'Eglise accorde en l'année sainte?*

R. On appelle cette indulgence plénière Jubilé, et les années pendant lesquelles on la gagne sont appelées années du Jubilé.

D. *Pourquoi appelle-t-on ces années, années du Jubilé?*

R. On appelle ces années, années du Jubilé, pour leur appliquer le nom qu'on donnoit dans la loi ancienne à toutes les cinquantièmes années, qui étoient aussi appelées années saintes, années d'indulgence et de rémission.

D. *En quoi consistoit le Jubilé de la loi ancienne, et quelles étoient les grâces attachées à ces cinquantièmes années?*

R. Dieu avoit ordonné que, dans ces années, on ne travailleroit point à la terre; que les esclaves pourroient sortir de la servitude, et que ceux qui avoient été obligés d'aliéner leurs possessions et leurs héritages y rentreroient. On croit aussi qu'en ces mêmes années les dettes étoient remises aux débiteurs.

D. De quoi ce Jubilé de la loi ancienne étoit-il la figure?

R. Le Jubilé de la loi ancienne étoit la figure de tout le temps de la loi de grâce, où Jésus-Christ, ayant payé nos dettes à Dieu son Père, nous a délivrés de l'esclavage du péché, nous a fait rentrer dans le droit à l'héritage éternel, et nous a appelés à l'heureux repos dont on jouit dans le ciel.

D. Le Jubilé accordé par l'Eglise aux fidèles a-t-il quelque rapport avec le Jubilé de la loi ancienne?

R. On peut dire que le Jubilé, que les fidèles gagnent, opère spirituellement en eux ce que le Jubilé de la loi ancienne opéroit extérieurement. L'indulgence plénière qu'ils gagnent est une remise de ce qu'il leur restoit à payer à la justice de Dieu; elle les affranchit des liens du péché, et ôte ce qui auroit retardé la jouissance de l'héritage éternel.

D. N'appelle-t-on Jubilé que l'indulgence accordée à l'occasion de l'année sainte?

R. On appelle encore Jubilé l'indulgence plénière qui est accordée en certaines occasions importantes dans la forme et sur le modèle de celle de l'année du Jubilé. Telle est celle qui fut accordée à l'église de France, en 1804, à l'occasion du rétablissement du culte public.

D. Quelles raisons doivent engager les fidèles à gagner avec plus d'ardeur l'indulgence plénière du Jubilé, que toutes les autres indulgences plénières, qui sont assez communes dans l'Eglise?

R. Sans parler de certains privilèges que l'Eglise a coutume de joindre à l'indulgence plénière du Jubilé, il y a deux raisons considérables qui doivent engager les fidèles à s'empresser de gagner cette indulgence plénière. La première est le désir de l'Eglise qui exhorte elle-même les fidèles, et qui les presse de gagner cette indulgence du Jubilé ; la seconde est la force qu'ont auprès de Dieu les prières unanimes et les bonnes œuvres que les fidèles, à qui le Jubilé est accordé, font de concert pour gagner cette indulgence.

D. Quels sont les privilèges joints à l'indulgence plénière du Jubilé?

R. Les privilèges que nos saints pères les Papes ont coutume de joindre à l'indulgence plénière du Jubilé, sont : 1° le pouvoir de s'adresser à tel confesseur qu'on voudra choisir entre ceux qui sont approuvés par l'ordinaire ; 2° de pouvoir être absous par ce confesseur de tous péchés réservés, c'est-à-dire, dont il n'appartient ordinairement qu'à l'évêque ou même au Pape d'absoudre; 5° le pouvoir d'être absous par ce même confesseur des censures et peines ecclésiastiques dans le for de la conscience seulement. On y joint aussi quelquefois le pouvoir d'obtenir du même confesseur la commutation de plusieurs vœux, pour lesquels on est obligé dans un autre temps de s'adresser à l'évêque ou au Pape.

D. Le Pape accorde-t-il tous ces privilèges toutes les fois qu'il accorde le Jubilé?

R. Non : le Pape n'accorde pas toujours tous ces privilèges en accordant le Jubilé, et il faut s'en tenir aux termes de la bulle.

D. Quels sont les privilèges que notre saint Père le Pape nous accorde en ce Jubilé de l'année sainte?

R. Le Pape y accorde tous les privilèges qui viennent d'être rapportés, même celui qui regarde la commutation des vœux.

D. De quels vœux le Pape accorde-t-il aux confesseurs le pouvoir de faire la commutation?

R. Le Pape accorde aux confesseurs, en ce Jubilé, le pouvoir de commuer, c'est-à-dire, de changer en d'autres bonnes œuvres toutes sortes de vœux non solennels, excepté ceux de religion et de chasteté, et quelques autres dont la bulle de Sa Sainteté fait mention.

D. *Tous ceux qui ont fait des vœux peuvent-ils en demander la commutation, par la seule raison que c'est le Jubilé?*

R. Non : le temps du Jubilé n'autorise pas ceux qui ont fait des vœux à en demander la commutation indifféremment, et sans des raisons légitimes.

D. *Que faut-il faire pour gagner l'indulgence plénière du présent Jubilé?*

R. Pour gagner l'indulgence du présent Jubilé, il faut, dans l'espace du temps qu'il doit durer, 1° se confesser avec un cœur vraiment contrit et pénitent; 2° visiter, pendant quinze jours consécutifs ou interrompus, quatre églises de celles qui sont désignées pour stations, en observant la distinction faite par le Mandement, entre les personnes qui résident à Paris, et celles qui demeurent dans les autres lieux du diocèse, et réciter dans chaque station cinq *Pater* et cinq *Ave*, pour les fins exprimées dans la bulle; 3° communier avec toute la préparation et les dispositions convenables.

D. *Quelle vue ou quel motif faut-il avoir en faisant ces choses?*

R. La vue ou le motif qu'il faut avoir en faisant ces choses est de se sanctifier, et de se mettre en état d'obtenir de Dieu, par des prières et des actions saintes, le pardon de ses péchés, la paix entre les princes chrétiens, l'exaltation et le soulagement des besoins présens de la sainte Eglise notre mère, l'extirpation des hérésies.

D. Les quinze jours marqués pour la visite des églises ne peuvent-ils point être réduits à un moindre nombre?

R. La bulle porte que chaque évêque pourra, selon qu'il le jugera à propos, réduire lesdits quinze jours à un moindre nombre, en faveur des chapitres, congrégations, communautés, universités et confréries qui visiteront processionnellement les églises désignées; et pour les autres causes qu'il trouvera raisonnables.

D. Faut-il être en état de grâce pour faire ces trois choses prescrites par la bulle?

R. Quoique les bonnes œuvres qui se font par celui qui n'est point encore en état de grâce ne laissent pas d'être utiles, il est hors de doute cependant qu'elles servent beaucoup davantage, et qu'elles sont bien plus agréables à Dieu, quand celui qui les fait est en état de grâce. Il faut même, pour gagner l'indulgence, être en état de grâce, non-seulement en communiant, mais aussi en s'acquittant de la dernière œuvre, par laquelle on termine toutes les autres, lors même qu'on ne les termine pas par la sainte communion.

D. N'est-on point obligé de jeûner ou de faire l'aumône pour gagner le Jubilé?

R. Notre saint Père le Pape n'a point mis le jeûne ni l'aumône au nombre des conditions nécessaires pour gagner ce Jubilé. Cependant il est bien à propos de joindre le jeûne et l'aumône à la prière, pour la rendre plus agréable à Dieu, surtout dans un temps où il faut fléchir la colère de Dieu, et où les besoins des pauvres sont si pressans. La concurrence du présent Jubilé avec le Carême doit engager à remplir avec une plus grande fidélité les obligations que l'Eglise a imposées à ses enfans pendant cette sainte carrière.

D. Quelle pratique conseilleriez-vous pour ce temps si précieux du Jubilé?

R. On ne sauroit trop recommander de le passer dans l'esprit de prière et de pénitence, et de faire chaque jour quelque prière particulière pour l'Eglise, pour notre saint père le Pape, pour Mgr l'Archevêque, pour tous les prélats et pasteurs de l'Eglise, pour demander la prolongation de la paix, pour le Roi, Mgr le Dauphin et Mme la Dauphine, la famille royale, et tout ce royaume très-chrétien, enfin pour les fidèles défunts.

D. Le temps du Jubilé ne doit-il pas engager les confesseurs à accorder plus aisément l'absolution?

R. Les règles de la pénitence qui doivent être suivies par les confesseurs sont les mêmes pendant le Jubilé qu'en tout autre temps. L'absolution doit être accordée à ceux qui sont suffisamment disposés, et différée aux autres jusqu'à ce qu'ils aient les dispositions nécessaires. Sur quoi ils sont obligés de se conformer tant aux avis de saint Charles aux confesseurs, et aux censures et déclarations du clergé de France, qu'à ce qui est prescrit dans les Rituels, et les Ordonnances, etc. données sur l'administration du sacrement de pénitence.

D. Quelles dispositions intérieures doit avoir celui qui désire de gagner le Jubilé?

R. On peut réduire les dispositions intérieures nécessaires pour bien gagner le Jubilé à quatre principales, qui sont la foi, la pénitence, une intention droite, et l'amour de l'Eglise.

D. En quoi faites-vous consister la foi, qui est la première disposition nécessaire pour gagner l'indulgence?

R. La foi consiste à croire tout ce que Dieu a révélé à son Eglise, tout ce que croit et enseigne la sainte Eglise catholique, apostolique et romaine, et en particulier le pouvoir qu'elle a reçu de notre Seigneur Jésus-Christ de lier et de délier, de retenir et de remettre les péchés. Mais cette foi doit être vive, et soutenue par une confiance raisonnable, qui, nous faisant beaucoup espérer de l'indulgence, si nous nous y préparons par la pénitence, nous fera souvenir que l'indulgence qui est accordée deviendra par notre faute une paix fausse, inutile et préjudiciable à notre salut, si nous la séparons de la pénitence.

D. En quoi consiste la pénitence, seconde disposition nécessaire pour bien gagner le Jubilé ?

R. Les saints Pères nous apprennent qu'il n'y a point de pénitence véritable et assurée, sans la haine du péché et l'amour de Dieu.

D. Que produit la haine du péché en une ame vraiment pénitente ?

R. La haine du péché porte celui qui est vraiment pénitent, 1° à repasser dans l'amertume de son cœur ses péchés passés ; 2° à s'en humilier, et à en gémir devant Dieu par une vive contrition et un regret sincère de les avoir commis ; 3° à s'en accuser, les déclarant avec une entière sincérité, et en étant vivement touché ; 4° à les expier par des œuvres pénibles, et par l'humble acceptation des maux que Dieu envoie ; 5° enfin à se précautionner pour l'avenir contre le péché, le *fuyant comme un serpent*, et évitant avec soin toutes les occasions qui peuvent mettre en danger d'y retomber.

D. *En quoi l'amour de Dieu sert-il pour rendre la pénitence véritable et assurée?*

R. Il sert, 1° à convertir et changer le cœur du pécheur, qui demeure toujours tourné vers la créature tant qu'il ne se retourne pas vers le créateur en l'aimant; 2° à ôter l'affection du péché, qui règne dans le cœur du pécheur jusqu'à ce qu'il commence à aimer Dieu comme source de toute justice; 3° à le porter à une plus grande haine et à une plus grande détestation du péché; 4° à lui faire mener une vie nouvelle qui change ses pensées, ses affections, ses actions, ses paroles, et les rende agréables à Dieu; 5° enfin à l'affermir et le fortifier contre le péché et les attaques du démon.

D. *En quoi consiste l'intention droite, que vous dites être la troisième disposition pour bien gagner le Jubilé?*

R. L'intention droite que doit avoir le fidèle qui veut gagner l'indulgence du Jubilé consiste, 1° dans la disposition de ne rien négliger pour achever de satisfaire à Dieu, et pour être délivré de ce qui engageroit Dieu à le punir, et retarderoit après sa mort la jouissance de son bonheur; 2° dans le désir de trouver, en gagnant l'indulgence, de quoi suppléer à ce que sa foiblesse et la courte durée de cette vie pourroient faire manquer à sa satisfaction et à sa pénitence, quoiqu'il ait un grand désir de la continuer toute sa vie.

D. Pourquoi l'amour de l'Eglise est-il une disposition nécessaire pour gagner le Jubilé?

R. L'amour de l'Eglise est une disposition nécessaire pour bien gagner le Jubilé, principalement pour deux raisons, 1° parce qu'il est juste de reconnoître, par cet amour, l'amour et la tendresse de l'Eglise, qui, saintement empressée de voir *Jésus-Christ formé en nous,* se met elle-même en prières, verse des larmes abondantes, unit ses enfans par des exercices communs de religion et de piété, pour qu'ils obtiennent de Dieu une *pleine indulgence;* 2° parce que le but principal de ce Jubilé est le bien universel de toute l'Eglise, pour tous les besoins de laquelle notre saint Père le Pape nous oblige de prier: ce que nous ne pouvons bien faire, si l'amour de l'Eglise ne nous anime et ne soutient nos prières.

D. Personne n'est-il exclus d'avoir part à la grâce du Jubilé?

R. On peut dire que personne n'est exclus d'avoir part à cette grâce, que par sa faute, et parce qu'il s'en exclut lui-même. Le Pape l'offre à tous les fidèles des pays pour lesquels le Jubilé est accordé, même aux plus grands pécheurs, aux excommuniés, et à tous ceux qui sont liés par quelque censure ou sentence ecclésiastique. Il excepte néanmoins ceux qui sont dénoncés excommuniés, ou suspens, ou interdits nommément ou sans expression de nom, à moins qu'ils n'aient satisfait ou qu'ils ne se soient accordés avec leurs parties dans l'espace du temps que doit durer le Jubilé.

D. Qu'entend-on par ces mots : A moins qu'ils n'aient satisfait ou qu'ils ne se soient accordés avec leurs parties?

R. Ces mots signifient que les confesseurs ne peuvent absoudre ceux qui ont été frappés de censures et dénoncés, s'ils n'ont préalablement réparé ladite faute ou ladite injustice, par une satisfaction ou un accord fait avec ceux envers lesquels ils étoient coupables.

D. Ceux qui se trouveront dans l'impossibilité d'accomplir quelqu'une des conditions prescrites par la bulle seront-ils exclus de la grâce du Jubilé?

R. Non; et le Mandement de Mgr l'Archevêque porte que les confesseurs pourront changer les œuvres prescrites, en d'autres œuvres de piété à l'égard des prisonniers, des malades, et autres personnes légitimement empêchées.

On trouvera dans ce Mandement tout ce que Mgr l'Archevêque a jugé à propos de prescrire sur ce point.

D. *Les confesseurs peuvent-ils différer le Jubilé à ceux qu'ils ne trouveront pas en état de recevoir l'absolution ?*

R. Oui : les confesseurs peuvent et même doivent différer le Jubilé à ceux qu'ils ne trouvent pas en état de recevoir l'absolution ; mais ce délai ne servira qu'à ceux qui s'efforcent d'entrer dans de véritables sentimens de pénitence, de s'amender, et de se mettre en état de recevoir au plus tôt l'absolution afin de gagner le Jubilé ; avantage dont ils pourront jouir même après l'époque fixée pour sa clôture.

PRIÈRES

LES STATIONS DU JUBILÉ.

A L'OUVERTURE DU JUBILÉ

POUR IMPLORER L'ASSISTANCE DU SAINT-ESPRIT.

HYMNE.

VENI, creator Spiritus,
Mentes tuorum visita ;
Imple supernâ gratiâ
Quæ tu creasti pectora.

Qui Paracletus diceris,
Donum Dei altissimi,
Fons vivus, ignis, charitas,
Et spiritalis unctio.

Tu septiformis munere,
Dextræ Dei tu digitus,
Tu ritè promissum Patris,

VENEZ en nous, Esprit saint, qui nous avez creés ; visitez l'esprit de ceux qui vous appartiennent ; remplissez de la grâce céleste les cœurs dont vous êtes le créateur.

Remplissez nos cœurs, ô vous qui étes appelé le Consolateur, le don du Dieu très-haut, la fontaine de vie, le feu sacré, la charité et l'onction spirituelle.

Vous êtes l'auteur des sept dons qui nous sanctifient, vous êtes le doigt de la main de Dieu, vous êtes le don que le Père céleste a promis ; vous mettez les richesses de vôtre parole dans la bouche des hommes mortels.

Répandez votre lumière dans nos esprits, et éclairez-les; répandez votre amour dans nos cœurs; donnez aux membres foibles de notre corps un ferme courage et la force de souffrir.

Éloignez et chassez notre ennemi; donnez-nous au plus tôt la paix; marchez devant nous, et que, sous votre conduite, nous soyons garantis de tout ce qui peut nous être nuisible.

Faites-nous connoître Dieu le Père, faites-nous connoître Dieu le Fils; faites que nous vous connoissions, et que nous croyions toujours en vous, ô vous qui êtes l'Esprit et le lien du Père et du Fils.

Gloire au Père, gloire au Fils, gloire au Saint-Esprit, dont le souffle divin répand la charité dans les cœurs, et les remplit d'une céleste lumière. Ainsi soit-il.

℣. Envoyez votre Esprit, et tout sera créé;

Sermone ditans guttura.

Accende lumen sensibus,
Infunde amorem cordibus,
Infirma nostri corporis,
Virtute firmans perpeti.

Hostem repellas longiùs,
Pacemque dones protinus :
Ductore sic te prævio,
Vitemus omne noxium.

Per te sciamus da Patrem,
Noscamus atque Filium;
Te utriusque Spiritum
Credamus omni tempore.

Sit laus Patri, laus Filio :
Par sit tibi laus, Spiritus,
Afflante quo mentes sacris
Lucent et ardent ignibus. Amen.

℣. Emitte Spiritum tuum, et creabuntur;

℟. Et renovabis faciem terræ.

Oremus.

Deus, qui corda fidelium sancti Spiritûs illustratione docuisti, da nobis in eodem Spiritu recta sapere, et de ejus semper consolatione gaudere.

Omnipotens et mitissime Deus, qui sitienti populo fontem viventis aquæ de petra produxisti, educ de cordis nostri duritia lacrymas compunctionis, ut peccata nostra plangere valeamus, remissionemque eorum, te miserante, mereamur accipere; Per Christum Dominum nostrum.

℟. Et vous renouvellerez la face de la terre.

Prions.

O Dieu, qui avez enseigné le cœur des fidèles par la lumière du Saint-Esprit, donnez-nous cet Esprit saint qui nous fasse goûter et aimer le bien, et qui répande toujours en nous sa consolation.

Dieu tout-puissant et infiniment bon, qui avez fait sortir de la pierre une source d'eau vive, pour éteindre la soif de votre peuple, tirez de la dureté de notre cœur des larmes de componction, afin que nous puissions pleurer nos péchés, et que nous méritions d'en recevoir le pardon de votre miséricorde; Par J. C.

POUR DEMANDER L'INTERCESSION DE LA SAINTE VIERGE.

Sub tuum præsidium confugimus, sancta Dei Genitrix : nostras deprecationes ne despicias in necessitatibus; sed à periculis cunctis libera nos semper, Vir-

Nous avons recours à votre assistance, sainte Mère de Dieu : ne méprisez pas les prières que nous vous faisons dans nos nécessités ; mais délivrez-nous en tout temps de tous périls, ô Vierge bénie et glorieuse.

℣. Priez pour nous, sainte Mère de Dieu ;

℟. Afin que nous soyons rendus dignes de recevoir les effets des promesses de Jésus-Christ.

Prions.

O Dieu, qui êtes tout miséricordieux, soutenez notre foiblesse ; et, comme nous célébrons la mémoire de la sainte Mère de Dieu, faites que, par le secours de son intercession, nous nous relevions de nos péchés ; Par.

go gloriosa et benedicta.

℣. Ora pro nobis, sancta Dei Genitrix ;

℟. Ut digni efficiamur promissionibus Christi.

Oremus.

CONCEDE, misericors Deus, fragilitati nostræ præsidium ; ut qui sanctæ Dei Genitricis memoriam agimus, intercessionis ejus auxilio à nostris iniquitatibus resurgamus ; Per eumdem.

AVANT DE COMMMENCER LES STATIONS, OU EN ENTRANT DANS L'ÉGLISE STATIONALE, ON POURRA RÉCITER :

PSAUME 5o.

O Dieu, ayez pitié de moi selon votre grande bonté.

Et effacez mon iniquité selon l'abondance de vos miséricordes.

Lavez-moi de plus en plus de mon iniquité, et purifiez-moi de mon péché,

MISERERE meî, Deus, secundùm magnam misericordiam tuam.

Et secundùm multitudinem miserationum tuarum, dele iniquitatem meam.

Ampliùs lava me ab iniquitate mea, et à peccato meo munda me,

Quoniam iniquitatem meam ego cognosco , et peccatum meum contra me est semper.

Parce que je connois mon iniquité, et que mon péché m'est toujours présent.

Tibi soli peccavi , et malum coram te feci : ut justificeris in sermonibus tuis, et vincas cùm judicaris.

C'est contre vous seul que j'ai péché, c'est devant vous que j'ai commis le mal ; *ayez pitié de moi*, afin que vous soyez trouvé véritable dans vos paroles, et que vous gagniez votre cause lorsqu'on entreprendra de vous juger.

Ecce enim in iniquitatibus conceptus sum, et in peccatis concepit me mater mea.

Car vous voyez que j'ai été conçu dans l'iniquité, et que ma mère m'a conçu dans les péchés.

Ecce enim veritatem dilexisti ; incerta et occulta sapientiæ tuæ manifestasti mihi.

Car vous avez aimé la vérité ; vous m'avez découvert ce que votre sagesse a d'obscur et de caché.

Asperges me hyssopo, et mundabor : lavabis me , et super nivem dealbabor.

Vous m'arroserez avec l'hysope, et je serai purifié ; vous me laverez, et je deviendrai plus blanc que la neige.

Auditui meo dabis gaudium et lætitiam , et exultabunt ossa humiliata.

Vous me ferez entendre des paroles de consolation et de joie ; et mes os, qui sont humiliés présentement , tressailliront de joie.

Averte faciem tuam à peccatis meis , et omnes iniquitates meas dele.

Détournez vos yeux de dessus mes péchés, et effacez toutes mes iniquités.

O Dieu, créez en moi un cœur pur, et renouvelez en moi l'esprit de droiture.

Ne me rejetez pas de devant vous, et ne retirez pas de moi votre Saint-Esprit.

Rendez-moi la joie de votre assistance salutaire, et fortifiez-moi par votre Esprit souverain.

J'enseignerai vos voies aux pécheurs, et les impies se convertiront à vous.

Délivrez-moi du sang, ô Dieu, qui êtes le Dieu de mon salut, et ma langue publiera votre justice avec joie.

Seigneur, vous ouvrirez mes lèvres, et ma bouche annoncera vos louanges.

Parce que si vous eussiez voulu un sacrifice, je vous l'aurois offert; les holocaustes ne vous seroient point agréables.

L'esprit contrit est le sacrifice qu'il faut offrir à Dieu; ô Dieu, vous ne mépriserez pas le cœur brisé et humilié.

Seigneur, faites du

Cor mundum crea in me, Deus, et spiritum rectum innova in visceribus meis.

Ne projicias me à facie tua, et Spiritum sanctum tuum ne auferas à me.

Redde mihi lætitiam salutaris tui, et Spiritu principali confirma me.

Docebo iniquos vias tuas, et impii ad te convertentur.

Libera me de sanguinibus, Deus, Deus salutis meæ, et exultabit lingua mea justitiam tuam.

Domine, labia mea aperies, et os meum annuntiabit laudem tuam.

Quoniam si voluisses sacrificium, dedissem utique; holocaustis non delectaberis.

Sacrificium Deo spiritus contribulatus: cor contritum et humiliatum, Deus, non despicies.

Benignè fac, Domine, in bona voluntate tua Sion, ut ædificentur muri Jerusalem.

bien à Sion, et traitez-la avec bonté, afin que les murailles de Jérusalem se bâtissent.

Tunc acceptabis sacrificium justitiæ; oblationes et holocausta : tunc imponent super altare tuum vitulos.

Alors, vous agréerez le sacrifice de la justice, les oblations et les holocaustes : alors on mettra de jeunes taureaux sur vos autels.

Gloria Patri, etc.

Gloire au Père, etc.

Ant. Indulgentiam Domini fusis lacrymis postulemus; et humiliemus illi animas nostras, qui non amovet salutem suam à genere nostro. *Au temps Pascal.* Alleluia.

Ant. Versons des larmes, et demandons en pleurant l'indulgence du Seigneur : humilions nos ames devant celui qui ne retire point son salut de notre nation. *Au temps Pascal.* Louez Dieu.

Oremus.

Prions.

MENTEM familiæ tuæ, quæsumus, Domine, intercedente beatâ Dei Genitrice Mariâ, cum omnibus sanctis, et munere compunctionis aperi, et largitate pietatis exaudi; Per eumdem Christum Dominum nostrum. Amen.

RECEVEZ, Seigneur, les prières de votre famille, par l'intercession de la bienheureuse Marie Mère de Dieu, et de tous les Saints; ouvrez nos cœurs par le don de la componction, et exaucez - nous par l'abondance de votre miséricorde; Nous vous en prions par le même J. C. N. S. Ainsi soit-il.

EN CHAQUE ÉGLISE,

ON RÉCITERA CINQ FOIS, POUR LES FINS MARQUÉES PAR LA BULLE DU JUBILÉ,

L'ORAISON DOMINICALE.

NOTRE Père, qui êtes aux cieux : que votre nom soit sanctifié; que votre règne arrive; que votre volonté soit faite en la terre comme au ciel; donnez - nous aujourd'hui notre pain quotidien; et pardonnez-nous nos offenses, comme nous pardonnons à ceux qui nous ont offensés; et ne nous induisez point en tentation; mais délivrez-nous du mal. Ainsi soit-il.

PATER noster, qui es in cœlis, sanctificetur nomen tuum; adveniat regnum tuum; fiat voluntas tuâ, sicut in cœlo et in terrâ; panem nostrum quotidianum da nobis hodie; et dimitte nobis debita nostra, sicut et nos dimittimus debitoribus nostris; et ne nos inducas in tentationem; sed libera nos à malo. Amen.

LA SALUTATION ANGÉLIQUE.

JE vous salue, Marie pleine de grâce; le Seigneur est avec vous; vous êtes bénie entre les femmes; et JÉSUS le fruit de vos entrailles est béni. Sainte Marie Mère de Dieu, priez pour nous, pauvres pécheurs, maintenant et à l'heure de notre mort. Ainsi soit-il.

AVE, Maria gratiâ plena; Dominus tecum; benedicta in mulieribus, et benedictus fructus ventris tui Jesus. Sancta Maria Mater Dei, ora pro nobis peccatoribus, nunc et in hora mortis nostræ. Amen.

On pourra ajouter les prières suivantes, pour le pardon des péchés, pour l'exaltation de la sainte Eglise notre mère, pour l'extirpation des hérésies, pour l'union, le bien et la tranquillité des princes chrétiens, pour N. S. P. le Pape, pour Mgr l'Archevêque, pour la Famille royale. Après quoi on invoquera la sainte Vierge, les saints Patrons des églises stationales de la ville de Rome en l'année sainte, ceux de ce diocèse, et ceux des églises où l'on fait la station.

EN LA PREMIÈRE ÉGLISE.

PSAUME II.

SALVUM me fac, Domine, quoniam defecit sanctus, quoniam diminutæ sunt veritates à filiis hominum.

Vana locuti sunt unusquisque ad proximum suum : labia dolosa, in corde et corde locuti sunt.

Disperdat Dominus universa labia dolosa, et linguam magniloquam.

Qui dixerunt : Linguam nostram magnificabimus, labia nostra à nobis sunt : quis noster Dominus est?

Propter miseriam in-

SAUVEZ-MOI, Seigneur, car il n'y a plus de saint, il n'y a plus de vérité parmi les enfans des hommes.

Ils n'ont tous à la bouche que des paroles vaines pour tromper leur prochain; ce sont des lèvres trompeuses qui parlent avec un cœur double.

Que le Seigneur fasse périr toutes les lèvres trompeuses, ces langues qui parlent avec hauteur.

Qui disent : Nous nous servirons de nos langues pour parler avec hauteur, nous sommes les maîtres de nos lèvres : qui est notre Seigneur?

Le Seigneur dit : Je me

leverai présentement à cause de la misère des malheureux et du gémissement des pauvres.

Je les mettrai en liberté, je les sauverai, j'agirai avec force pour les sauver.

Les paroles du Seigneur sont des paroles pures, c'est un argent épuré par le feu, le plus pur de la terre, épuré jusqu'à sept fois.

Seigneur, vous nous conserverez et vous nous garderez à jamais de cette race criminelle.

Les impies marchent autour de nous : vous avez multiplié les enfans des hommes suivant la profondeur de votre sagesse.

Gloire au Père, etc.

Ant. Levez-vous présentement, Seigneur, à cause de la misère des malheureux et du gémissement des pauvres; conservez-nous et gardez-nous. *Au temps de Pâque.* Louez, etc.

℣. Tournez-vous vers moi, Seigneur, et délivrez mon ame;

opum et gemitum pauperum, nunc exurgam, dicit Dominus.

Ponam in salutari : fiducialiter agam in eo.

Eloquia Domini eloquia casta, argentum igne examinatum, probatum terræ, purgatum septuplum.

Tu, Domine, servabis nos et custodies nos à generatione hac in æternum.

In circuitu impii ambulant : secundùm altitudinem tuam multiplicasti filios hominum.

Gloria Patri, etc.

Ant. Propter miseriam inopum et gemitum pauperum, exurge nunc, Domine; serva nos, et custodi nos. *Au temps de Pâque,* Alleluia.

℣. Convertere, Domine, et eripe animam meam;

℞. Salvum me fac propter misericordiam tuam.

℣. Conveniant populi in unum;

℞. Et reges ut serviant Domino.

℣. Singularis ferus depastus est vineam tuam, Domine.

℞. Veni, visita, et perfice eam.

℣. Exaltare super cœlos, Deus,

℞. Et super omnem terram gloria tua.

℣. Domine Deus noster, exaudi sacerdotes tuos;

℞. Deus, propitius esto eis.

℣. Domine, in virtute tua lætabitur Rex;

℞. Dabis eum in benedictionem in sæculum sæculi.

Oremus.

EXAUDI, quæsumus, Domine, supplicum preces, et confitentium tibi parce pec-

℞. Sauvez-moi à cause de votre miséricorde.

℣. Que les peuples s'accordent et se réunissent,

℞. Et les rois aussi pour servir le Seigneur.

℣. Un cruel sanglier a ravagé votre vigne, Seigneur.

℞. Venez la visiter, et achevez ce que vous avez commencé en elle.

℣. O Dieu, soyez élevé au-dessus des cieux,

℞. Et que votre Eglise, qui est votre gloire, s'élève au-dessus de toute la terre.

℣. Seigneur notre Dieu, écoutez les prières de vos Pontifes;

℞. O Dieu, soyez-leur propice.

℣. Seigneur, le Roi se réjouira de la force que vous lui donnerez;

℞. Vous le bénirez, et il sera en bénédiction à jamais.

Prions.

EXAUCEZ, s'il vous plaît, Seigneur, les prières de ceux qui vous supplient, pardonnez les

péchés de ceux qui s'a-
vouent coupables devant
vous, et accordez – nous
en même temps par votre
bonté l'indulgence et la
paix; par J. C. N. S.

catis, ut pariter nobis
indulgentiam tribuas
benignus et pacem;
Per Christum Domi-
num nostrum.

Kyrie eleison. Christe eleison. Kyrie eleison.

Sancta Maria,   ora pro nobis.
Sancte Petre,   ora pro nobis.
Sancte Dionysi cum sociis tuis,   ora pro nobis.

*On prendra à la fin du livre les noms des Saints
de l'église où l'on est.*

EN LA SECONDE ÉGLISE.

PSAUME 12.

Jusques à quand, Sei-
gneur, cesserez – vous
de m'oublier? jusques à
quand détournerez – vous
votre visage de dessus moi?

Combien de temps en-
core mettrai - je l'inquié-
tude dans mon esprit, et
la douleur pendant tout
le jour dans mon cœur?

Jusques à quand mon
ennemi s'élevera-t-il au-
dessus de moi? regardez-
moi et écoutez-moi, Sei-
gneur mon Dieu.

Eclairez mes yeux, de
peur que je ne m'en-
dorme dans la mort; de
peur que mon ennemi ne

Usquequo, Domine;
oblivisceris me in
finem? usquequo aver-
tis faciem tuam à me?

Quandiu ponam con-
silia in anima mea, do-
lorem in corde meo per
diem?

Usquequo exaltabi-
tur inimicus meus su-
per me? respice, et
exaudi me, Domine
Deus meus.

Illumina oculos meos,
ne unquam obdormiam
in morte; nequando
dicat inimicus meus

Prævalui adversùs eum.

Qui tribulant me exultabunt si motus fuero : ego autem in misericordia tua speravi.

Exultabit cor meum in salutari tuo : cantabo Domino qui bona tribuit mihi, et psallam nomini Domini altissimi.

Gloria Patri, etc.

Ant. Respice et exáudi nos, Domine Deus noster : exultabit cor nostrum in salutari tuo. *Au temps de Pâque,* Alleluia.

℣. Beatus vir, cui non imputavit Dominus peccatum ;

℟. Nec est in spiritu ejus dolus.

℣. Confiteantur tibi, Domine, omnes reges terræ ;

℟. Quia audierunt omnia verba oris tui.

commence à dire : Je l'ai surmonté.

Ceux qui m'affligent seront remplis de joie si je suis ébranlé : mais pour moi, j'ai mis mon espérance dans votre miséricorde.

Mon cœur sera rempli de joie lorsque vous me sauverez : je chanterai les louanges du Seigneur qui m'a comblé de biens ; je chanterai le nom du Seigneur très-haut.

Gloire au Père, etc.

Ant. Regardez-nous et écoutez-nous, Seigneur notre Dieu : notre cœur sera rempli de joie lorsque vous nous sauverez. *Au temps de Pâque.* Louez, etc.

℣. Heureux l'homme à qui le Seigneur n'impute point de péché ;

℟. Et dans l'esprit de qui il n'y a point de tromperie.

℣. Que tous les rois de la terre vous reconnoissent et vous louent, Seigneur ;

℟. Parce qu'ils ont entendu toutes les paroles de votre bouche.

℣. Des enfans qui étoient à moi me sont devenus étrangers; ils m'ont menti, ils ont vieilli, et ils ne se sont pas soutenus dans le chemin qu'ils avoient pris :

℟. Seigneur, vous me ferez triompher de ceux qui s'élèvent contre moi.

℣. Levez-vous, Seigneur, et entrez dans votre repos,

℟. Vous et votre Église qui est l'arche que vous sanctifiez.

℣. Que vos prêtres soient revêtus de justice ;

℟. Et que ceux qui vous sont consacrés soient dans la joie.

℣. Que le Seigneur accorde au Roi ce que son cœur désire ;

℟. Et qu'il fasse réussir tous ses desseins.

Prions.

Nous vous supplions, Seigneur, de vous laisser fléchir aux prières de votre Église, afin que, par la destruction de tous les maux et de toutes les erreurs, elle vous rende un culte libre et exempt de toute crainte ; Par J.C.

℣. Filii alieni mentiti sunt mihi, inveterati sunt, et claudicaverunt à semitis suis :

℟. Ab insurgentibus in me exaltabis me, Domine.

℣. Surge, Domine, in requiem tuam,

℟. Tu et arca sanctificationis tuæ.

℣. Sacerdotes tui induantur justitiam ;

℟. Et sancti tui exultent.

℣. Tribuat Regi Dominus secundùm cor ejus ;

℟. Et omne consilium ejus confirmet.

Oremus.

Ecclesiæ tuæ, quæsumus, Domine, preces placatus admitte, ut destructis adversitatibus et erroribus universis, secura tibi serviat libertate ; Per Christum Dominum nostrum.

Kyrie eleison. Christe eleison. Kyrie eleison.

Sancta Dei Genitrix,	ora pro nobis.
Sancte Paule,	ora pro nobis.
Sancte Marcelle,	ora pro nobis.

Les Saints de l'église où l'on fait station, ci-après.

EN LA TROISIÈME ÉGLISE.

PSAUME 66.

DEUS misereatur nostrî, et benedicat nobis : illuminet vultum suum super nos, et misereatur nostrî :

QUE Dieu ait pitié de nous, et qu'il nous bénisse : qu'il nous regarde dans la lumière et dans la sérénité de son visage, et qu'il ait pitié de nous :

Ut cognoscamus in terra viam tuam, in omnibus gentibus salutare tuum.

Afin que nous reconnoissions votre voie sur la terre, votre salut dans toutes les nations.

Confiteantur tibi populi, Deus, confiteantur tibi populi omnes :

Que les peuples vous louent, ô mon Dieu ; que tous les peuples vous louent :

Lætentur et exultent gentes, quoniam judicas populos in æquitate, et gentes in terra dirigis.

Que les nations se réjouissent et vous louent de ce que vous jugez les peuples avec justice, et de ce que vous conduisez avec droiture les nations sur la terre.

Confiteantur tibi populi, Deus ; confiteantur tibi populi omnes : terra dedit fructum suum.

Que les peuples vous louent, ô mon Dieu, que tous les peuples vous louent : la terre a donné son fruit.

Que Dieu, que notre Dieu nous bénisse, que Dieu nous bénisse : et qu'il soit craint jusqu'aux extrémités de la terre.

Gloire au Père, etc.

Ant. O Dieu, notre Dieu, bénissez - nous ; ô Dieu, bénissez-nous : regardez-nous dans la lumière et dans la sérénité de votre visage, et ayez pitié de nous. *Au temps Pascal.* Loüez.

℣. Seigneur, tous mes désirs vous sont présens ;

℟. Et mon gémissement ne vous est point caché.

℣. Que les rois servent le Seigneur avec crainte ;

℟. Et qu'ils mettent leur joie à s'humilier et à trembler devant lui.

℣. Que ceux qui s'élèvent contre moi soient confondus, Seigneur.

℟. Ils me maudiront, et vous me bénirez.

℣. Sauvez votre peuple, Seigneur, et bénissez votre héritage ;

℟. Conduisez - les et élevez-les éternellement.

Benedicat nos Deus, Deus noster, benedicat nos Deus : et metuant cum omnes fines terræ.

Gloria Patri, etc.

Ant. Benedic nos, Deus, Deus noster ; benedic nos, Deus : illumina vultum tuum super nos, et miserere nostrî. *Au temps Pascal.* Alleluia.

℣. Domine, ante te omne desiderium meum,

℟. Et gemitus meus à te non est absconditus.

℣. Serviant reges Domino in timore ;

℟. Et exultent ei cum tremore.

℣. Qui insurgunt in me, confundantur, Domine.

℟. Maledicent illi, et tu benedices.

℣. Salvum fac populum tuum, Domine, et benedic hæreditati tuæ ;

℟. Et rege eos, et extolle illos usque in æternum.

℣. De necessitatibus meis erue me, Domine ;

℟. Vide humilitatem meam et laborem meum.

℣. Sacerdotes Sion indue salutari, Domine :

℟. Et sancti ejus exultatione exultabunt.

℣. Timens Rex Dominum beatus sit, et bene sit illi ;

℟. Uxor ejus sicut vitis abundans; filii sicut novellæ olivarum.

℣. Seigneur, délivrez-moi des besoins dans lesquels je suis ;

℟. Considérez mon humiliation et la peine qui me travaille.

℣. Seigneur, revêtez les prêtres de Sion de votre grâce salutaire ;

℟. Et ses saints qui vous sont consacrés seront remplis d'allégresse et de joie.

℣. Que le Roi craignant le Seigneur soit heureux, et qu'il prospère ;

℟. Que son épouse soit comme une vigne féconde, et qu'il ait des fils comme l'olivier a des branches.

Oremus.

Deus refugium nostrum et virtus, adesto piis Ecclesiæ tuæ precibus, auctor ipse pietatis, et præsta ut quod fideliter petimus efficaciter consequamur ; Per Christum Dominum nostrum.

Prions.

O Dieu, qui êtes notre refuge et notre force, soyez favorable aux pieuses prières de votre Église, vous de qui vient la piété ; et faites que nous obtenions efficacement ce que nous demandons avec foi ; Par J. C. N. S.

Kyrie eleison. Christe eleison. Kyrie eleison.
Salvator mundi, salva nos omnes, miserere nobis.
Sancta Virgo Virginum,   ora pro nobis.
Sancte Joannes Baptista,   ora pro nobis.

Sancte Joannes,   ora pro nobis.
Sancte Ludovice,   ora pro nobis.

Les Saints de l'église où l'on fait station, ci-après.

EN LA QUATRIÈME ÉGLISE

PSAUME 122.

J'AI levé mes yeux vers vous, ô vous qui habitez dans les cieux.

Comme les yeux des serviteurs sont attachés sur les mains de leurs maîtres,

Comme les yeux de la servante sont attachés sur les mains de sa maîtresse, ainsi nos yeux sont tournés vers le Seigneur notre Dieu jusqu'à ce qu'il ait pitié de nous.

Ayez pitié de nous, Seigneur, ayez pitié de nous, parce que nous sommes tout remplis de mépris.

Parce que notre ame en est toute remplie; nous sommes en opprobre aux riches et en mépris aux superbes.

Gloire au Père, etc.

Ant. Nous nous prosternons devant vous, et nous vous présentons nos prières, Seigneur, non en

AD te levavi oculos meos, qui habitas in cœlis.

Ecce sicut oculi servorum in manibus dominorum suorum,

Sicut oculi ancillæ in manibus dominæ suæ; ita oculi nostri ad Dóminum Deum nostrum donec misereatur nostrî.

Miserere nostrî, Domine, miserere nostrî, quia multùm repleti sumus despectione.

Quia multùm repleta est anima nostra; opprobrium abundantibus et despectio superbis.

Gloria Patri, etc.

Ant. Non in justificationibus nostris prosternimus preces ante faciem tuam, Do-

mine ; sed in misera-
tionibus tuis multis.
Au temps Pascal. Al-
leluia.

℣. Dixi : Confitebor
adversùm me injusti-
tiam meam Domino ;

℞. Et tu remisisti
impietatem peccati mei.

℣. Principes popu-
lorum congregantur
cum Deo.

℞. Rex omnis terræ,
Deus.

℣. Laudabuntur om-
nes qui jurant in Deo ;

℞. Quia obstructum
est os loquentium ini-
qua.

℣. In nomine tuo
exultabunt totâ die,
Domine ;

℞. Et in justitia tua
exaltabuntur.

℣. Deus noster refu-
gium et virtus :

℞. Adjutor in tribu-
lationibus quæ inve-
nerunt nos nimis.

℣. Nolite tangere
christos meos ;

nous appuyant sur notre
justice et sur nos bonnes
œuvres, mais remplis de
confiance en votre misé-
ricorde qui est infinie.
Au temps Pascal. Louez.

℣. J'ai dit : Je m'accu-
serai et je confesserai mon
injustice au Seigneur ;

℞. Et vous m'avez re-
mis, Seigneur, l'impiété
de mon péché.

℣. Que les princes qui
gouvernent les peuples
s'assemblent devant Dieu.

℞. Dieu est le roi de
toute la terre.

℣. Tous ceux que leur
serment tient attachés à
Dieu seront loués ;

℞. Parce que la bouche
est fermée à ceux dont
les discours sont injustes.

℣. Tout le jour ils seront
dans la joie en publiant
votre nom, Seigneur ;

℞. Et ce sera votre
justice qui les exaltera.

℣. Notre Dieu est no-
tre refuge et notre force :

℞. Il est notre aide
dans les tribulations qui
nous pressent à l'excès.

℣. Ne touchez point à
ceux qui me sont consa-
crés ;

℞. Et donnez-vous de garde de faire aucun mal à mes prophètes.

℣. O Dieu, vous ajouterez jours sur jours à la vie du Roi ;

℞. Que son trône soit stable pour toujours en votre présence.

Prions.

FAITES éclater sur nous, Seigneur, votre clémence et votre miséricorde ineffable, en nous délivrant en même temps de tous nos péchés et des peines qu'ils méritent ; Par Jésus-Christ.

℞. Et in prophetis meis nolite malignari.

℣. Dies super dies Regis adjicies, Deus ;

℞. Permaneat in æternum in conspectu tuo.

Oremus.

INEFFABILEM nobis, Domine, misericordiam tuam clementer ostende : ut simul nos et à peccatis omnibus exuas, et à pœnis quas pro his meremur eripias ; Per Christum.

POUR L'ÉGLISE, POUR N. S. P. LE PAPE ET MGR L'ARCHEVÊQUE.

PSAUME 79.

SOYEZ attentif, vous qui conduisez Israël, qui menez Joseph comme une brebis.

Vous qui êtes assis sur les Chérubins, faites-vous voir en présence d'Ephraïm, de Benjamin et de Manassé.

Excitez votre puissance, et venez, afin de nous sauver.

O Dieu, convertissez-

QUI regis Israël, intende, qui deducis velut ovem Joseph.

Qui sedes super Cherubim, manifestare coram Ephraïm, Benjamin et Manasse.

Excita potentiam tuam, et veni, ut salvos facias nos.

Deus, converte nos ;

et ostende faciem tuam, et salvi erimus.

Domine Deus virtutum, quousque irasceris super orationem servi tui ?

Cibabis nos pane lacrymarum, et potum dabis nobis in lacrymis in mensura ?

Posuisti nos in contradictionem vicinis nostris; et inimici nostri subsannaverunt nos.

Deus virtutum, converte nos; et ostende faciem tuam, et salvi erimus.

Vineam de Ægypto transtulisti ; ejecisti gentes , et plantasti eam.

Dux itineris fuisti in conspectu ejus; plantasti radices ejus , et implevit terram.

Operuit montes umbra ejus , et arbusta ejus cedros Dei.

nous, et montrez votre visage, et nous serons sauvés.

Seigneur, Dieu tout-puissant, jusques à quand rejeterez - vous avec colère la prière de votre serviteur ?

Jusques à quand nous ferez-vous manger du pain de larmes, et nous mesurerez - vous notre breuvage pour nous le faire boire avec nos pleurs ?

Vous nous avez mis en butte à nos voisins ; et nos ennemis se sont raillés de nous.

Dieu tout - puissant, convertissez-nous; et montrez votre visage, et nous serons sauvés.

Vous avez tiré votre vigne de l'Egypte : vous l'avez transplantée ; et, chassant les nations, vous l'avez plantée dans leur pays.

Vous avez marché à sa tête et en sa présence pendant le chemin : vous avez planté ses racines, et elle a rempli la terre.

Son ombre a couvert les montagnes ; ses plus petits arbres se sont élevés au-dessus des hauts cèdres.

Elle a étendu ses branches jusqu'à la mer, et ses rejetons jusques au fleuve.

Comment avez-vous détruit la muraille qui l'environnoit, et est-elle vendangée par tous ceux qui passent par le chemin?

Un sanglier de la forêt est venu la détruire, une bête farouche l'a ravagée.

Dieu tout-puissant, tournez-vous de notre côté : regardez du haut du ciel, et voyez ; jetez les yeux sur cette vigne.

Remettez en son premier état la vigne que votre droite a plantée : jetez les yeux sur le Fils de l'homme que vous avez fortifié pour vous.

Elle est brûlée par le feu, on l'a enfoncée : ils périront, lorsque vous les reprendrez avec un visage sévère.

Que votre main protège l'homme de votre droite, ce Fils de l'homme que vous avez fortifié pour vous.

Pour nous, nous ne nous éloignons pas de

Extendit palmites suos usque ad mare, et usque ad flumen propagines ejus.

Ut quid destruxisti maceriam ejus, et vindemiant eam omnes qui prætergrediuntur viam ?

Exterminavit eam aper de silva, et singularis ferus depastus est eam.

Deus virtutum, convertere : respice de cœlo, et vide, et visita vineam istam.

Et perfice eam quam plantavit dextera tua ; et super Filium hominis quem confirmasti tibi.

Incensa igni, et suffossa : ab increpatione vultûs tui peribunt.

Fiat manus tua super virum dexteræ tuæ, et super Filium hominis quem confirmasti tibi.

Et non discedimus à te ; vivificabis nos, et

nomen tuum invocabimus.

Dominè, Deus virtutum, converte nos; et ostende faciem tuam, et salvi erimus.

Gloria Patri, etc.

Ant. Ego dico tibi quia tu es Petrus, et super hanc petram ædificabo Ecclesiam meam : et portæ inferi non prævalebunt adversùs eam.

℣. Gratia et pax Ecclesiæ Dei,

℞. Cum omnibus qui invocant nomen Domini nostri Jesu Christi in omni loco.

vous : vous nous donnerez la vie, et nous invoquerons votre nom.

Seigneur, Dieu tout-puissant, convertissez-nous; et montrez votre visage, et nous serons sauvés.

Gloire au Père, etc.

Ant. Je vous dis que vous êtes Pierre, et sur cette pierre je bâtirai mon Eglise : les portes de l'enfer ne prévaudront point contre elle.

℣. Que la grâce et la paix soient données à l'Eglise de Dieu,

℞. Et à tous ceux qui invoquent le nom de notre Seigneur Jésus-Christ en tout lieu.

POUR L'ÉGLISE.

Oremus.

OMNIPOTENS sempiterne Deus, cujus spiritu totum Ecclesiæ corpus sanctificatur et regitur, exaudi nos pro universis ordinibus supplicantes, ut gratiæ tuæ munere ab omnibus tibi gradibus di-

Prions.

O Dieu tout-puissant et éternel, dont l'esprit sanctifie et conduit tout le corps de l'Eglise, exaucez les humbles prières que nous vous faisons pour tous les ordres qui la composent; et faites, par le don de votre grâce,

que chacun vous serve
dans son état d'une ma-
nière convenable et digne
de louange.

gnè et laudabiliter ser-
viatur.

POUR N. S. P. LE PAPE.

O Dieu qui êtes le pas-
teur et le conducteur
de tous les fidèles, regardez d'un œil favorable
votre serviteur Léon que
vous avez choisi pour être
le pasteur et le chef de
votre Eglise : faites, par
votre grâce, que sa parole
et son exemple soient pro-
fitables à ceux sur lesquels
il a autorité, afin qu'il
puisse arriver à la vie éternelle avec le troupeau qui
lui est confié.

DEUS omnium fide-
lium Pastor et rec-
tor , famulum tuum
Leonem, quem pasto-
rem Ecclesiæ tuæ præ-
esse voluisti , propitius
respice : da ei, quæsu-
mus, verbo et exem-
plo, quibus præest pro-
ficere , ut ad vitam ,
unà cum grege sibi
credito perveniat sem-
piternam.

POUR MGR L'ARCHEVÊQUE.

O Dieu qui veillez sur
vos peuples avec
bonté et qui les gouver-
nez avec amour, donnez
l'esprit de sagesse à Hyacinthe, notre archevêque,
à qui vous avez confié le
soin de notre conduite,
afin que l'avancement
spirituel des saintes brebis
fasse la joie éternelle du
Pasteur; Par.

DEUS qui populis
tuis indulgentiâ
consulis et amore do-
minaris, Pontifici nos-
tro Hyacintho, cui de-
disti regimen discipli-
næ, da spiritum sa-
pientiæ; ut de profectu
sanctarum ovium fiant
gaudia æterna Pasto-
ris; Per.

POUR LE ROI.

PSAUME 19.

EXAUDIAT te Dominus in die tribulationis : protegat te nomen Dei Jacob.

Mittat tibi auxilium de sancto, et de Sion tueatur te.

Memor sit omnis sacrificii tui, et holocaustum tuum pingue fiat.

Tribuat tibi secundùm cor tuum, et omne consilium tuum confirmet.

Lætabimur in salutari tuo, et in nomine Dei nostri magnificabimur.

Impleat Dominus omnes petitiones tuas : nunc cognovi quoniam salvum fecit Dominus Christum suum.

Exaudiet illum de cœlo sancto suo : in potentatibus salus dexteræ ejus.

Hi in curribus, et

QUE le Seigneur vous exauce au jour de l'affliction ; que le nom du Dieu de Jacob vous défende.

Qu'il vous envoie son secours du haut de son sanctuaire, et son assistance de Sion.

Qu'il se souvienne de tous vos sacrifices, et qu'il rende votre holocauste digne de lui.

Qu'il vous donne tout ce que votre cœur désire, et qu'il accomplisse tous vos desseins.

Nous nous réjouirons de la protection que vous recevrez, et nous rapporterons à notre Dieu la gloire de vos succès.

Que le Seigneur vous accorde toutes vos demandes : je sais dès à présent que le Seigneur sauvera son Christ.

Il l'exaucera du ciel, qui est son sanctuaire : il déploiera, pour le soutenir, la force de son bras tout-puissant.

Que nos ennemis mettent leur confiance dans leurs charriots et dans leurs chevaux; pour nous, nous invoquerons le nom du Seigneur notre Dieu.

Ils ont été abattus, et ils sont tombés : pour nous, nous nous sommes relevés, et nous demeurons fermes.

Seigneur, sauvez le Roi, et daignez nous exaucer au jour que nous vous invoquerons.

Gloire au Père, etc.

℣. Que votre bras protège l'homme de votre droite ;

℟. Et le Fils de l'homme que vous avez affermi pour votre gloire.

Prions.

O Dieu tout-puissant, par la miséricorde de qui votre serviteur Charles notre Roi a pris la conduite de ce royaume, nous vous prions de le faire croître en toutes sortes de vertus, afin qu'en étant saintement orné, il puisse combattre tous les vices comme autant de monstres, être victorieux de ses ennemis, vous plaire, et arriver jusqu'à vous. qui êtes la voie, la vérité et la vie.

hi in equis; nos autem in nomine Domini Dei nostri invocabimus.

Ipsi obligati sunt, et ceciderunt : nos autem surreximus, et erecti sumus.

Domine, salvum fac Regem, et exaudi nos in die quâ invocaverimus te.

Gloria Patri, etc.

℣. Fiat manus tua super virum dexteræ tuæ ;

℟. Et super Filium hominis quem confirmasti tibi.

Oremus.

Quæsumus, omnipotens Deus, ut famulus tuus Rex noster Carolus, qui tuâ miseratione suscepit regni gubernacula, virtutum etiam omnium percipiat incrementa, quibus decenter ornatus, vitiorum monstra devitare; hostes superare, et ad te qui via, veritas et vita es gratiosus valeat pervenire.

POUR LE ROI ET LA FAMILLE ROYALE.

DEUS, à quo omnis potestas ordinata est, da famulo tuo Regi nostro Carolo et universæ Familiæ ejus cor docile, ut potestatem suam majestatis tuæ famulam facientes, regnum illud ambiant et obtineant, in quo non timent habere consortes; Per Christum.

O Dieu, par qui toute puissance a été établie, donnez à votre serviteur Charles, notre Roi, et à toute la Famille royale un cœur docile, afin que faisant servir leur pouvoir à la gloire de votre souveraine majesté, ils désirent et obtiennent ce royaume, où les Rois ne craignent point des égaux qui le partagent avec eux. Nous vous en prions, etc.

POUR DEMANDER LA CONSERVATION DE L'UNION ET DE LA PAIX ENTRE LES PRINCES CATHOLIQUES.

PSAUME 121.

LÆTATUS sum in his quæ dicta sunt mihi : In domum Domini ibimus.

Stantes erant pedes nostri in atriis tuis, Jerusalem.

Jerusalem quæ ædificatur ut civitas, cujus participatio ejus in idipsum.

Illuc enim ascenderunt tribus, tribus Do-

Je me réjouis de ce que j'ai entendu dire : Nous irons en la maison du Seigneur.

Nos pieds étoient déjà fixés dans vos parvis, ô Jérusalem.

Jérusalem, ville si bien bâtie, et dont les édifices se tiennent les uns aux autres.

Car c'est en cette ville que les douze tribus, les

tribus du Seigneur sont entrées, selon l'ordre donné à Israël, pour y louer le nom du Seigneur.

C'est là qu'ont été mis les trônes où les juges se sont assis, les trônes pour la maison de David.

Demandez ce qui donnera la paix à Jérusalem ; dites : Que ceux qui vous aiment soient dans l'abondance.

Que la paix soit dans votre forteresse, et l'abondance dans vos tours.

L'amour que je porte à mes frères et à mes voisins, me fait demander votre paix.

Je demande votre prospérité, à cause de la maison du Seigneur notre Dieu.

Gloire au Père, etc.

Ant. Seigneur, donnez-nous la paix tous les jours de notre vie; car il n'y a que vous qui combattiez pour nous, Seigneur notre Dieu.

℣. Que la paix règne dans votre forteresse, ô cité sainte,

℟. Et l'abondance dans vos tours.

mini, testimonium Israel ad confitendum nomini Domini.

Quia illic sederunt sedes in judicio, sedes super domum David.

Rogate quæ ad pacem sunt Jerusalem : et abundantia diligentibus te.

Fiat pax in virtute tua, et abundantia in turribus tuis.

Propter fratres meos et proximos meos, loquebar pacem de te.

Propter domum Domini Dei nostri, quæsivi bona tibi.

Gloria Patri, etc.

Ant. Da pacem, Domine, in diebus nostris, quia non est alius qui pugnet pro nobis, nisi tu, Deus noster.

℣. Fiat pax in virtute tua,

℟. Et abundantia in turribus tuis.

Oremus.	Prions.

DEus, à quo sancta desideria, recta consilia, et justa sunt opera, da servis tuis illam, quam mundus dare non potest, pacem, ut et corda nostra mandatis tuis dedita, et hostium sublata formidine tempora sint tuâ protectione tranquilla. Per.

O Dieu, de qui viennent les saints désirs, les bonnes pensées et les actions justes, donnez à vos serviteurs cette paix que le monde ne peut donner, afin que nos cœurs soient attachés à vos commandemens, et que n'ayant plus d'ennemis à craindre, nous menions une vie tranquille sous votre protection. Par.

POUR DEMANDER LE SECOURS DE DIEU DANS LES NÉCESSITÉS PRÉSENTES DES PEUPLES.

PSAUME 120.

LEVAVI oculos meos in montes, unde veniet auxilium mihi.

Je lève les yeux vers les montagnes, d'où j'attends mon secours.

Auxilium meum à Domino, qui fecit cœlum et terram.

Mon secours vient du Seigneur, qui a fait le ciel et la terre.

Non det in commotionem pedem tuum, neque dormitet, qui custodit te.

Il ne permettra point que vos pas soient chancelans : celui qui vous garde ne s'endormira point.

Ecce non dormitabit neque dormiet, qui custodit Israel.

Non, celui qui garde Israël ne s'endormira point, et ne sera point surpris du sommeil.

Dominus custodit te :

C'est le Seigneur qui

vous garde; le Seigneur vous garde de son ombre et marche à votre droite.

Le soleil ne vous nuira point pendant le jour, ni la lune pendant la nuit.

Le Seigneur vous garantira de tout mal : il gardera votre ame.

Le Seigneur gardera votre entrée et votre sortie, maintenant et à jamais.

Gloire au Père, etc.

Ant. Ceux qui mettent leur confiance en vous ne sont point confondus, Seigneur : maintenant nous vous suivons de tout notre cœur ; traitez-nous selon la multitude de vos miséricordes.

℣. Que Dieu, que notre Dieu nous bénisse ; que Dieu nous bénisse :

℟. Qu'il nous regarde dans la lumière et dans la sérénité de son visage, et qu'il ait pitié de nous.

Prions.

O Dieu, qui êtes notre refuge dans nos peines, notre force dans nos foiblesses, notre secours

Dominus protectio tua : super manum dexteram tuam.

Per diem sol non uret te, * neque luna per noctem.

Dominus custodit te ab omni malo : custodiat animam tuam Dominus.

Dominus custodiat introitum tuum, et exitum tuum ; ex hoc nunc, et usque in sæculum.

Gloria Patri, etc.

Ant. Non est confusio confidentibus in te, Domine : et nunc sequimur te in toto corde; fac nobiscum secundum multitudinem misericordiæ tuæ.

℣. Benedicat nos Deus, Deus noster, benedicat nos Deus :

℟. Illuminet vultum suum super nos, et misereatur nostri.

Oremus.

Deus nostrum refugium in laboribus, virtus in infirmatibus, adjutorium in tribulationibus, solamen in fletibus : concede populo tuo ut ab omni adversitate liberatus, in tua miseratione respiret ; Per Christum.

dans les tribulations, notre consolation et notre joie dans les afflictions et les pleurs, accordez à votre peuple qu'étant délivré de toute adversité, il ressente les effets de votre miséricorde ; Par J. C.

Kyrie eleison. Christe eleison. Kyrie eleison.
Sancta Maria, ora pro nobis.
Sancta Dei Genitrix, ora pro nobis.
Sancta Virgo Virginum, ora pro nobis.
Sancta Genovefa, ora pro nobis.

Les Saints de l'Eglise où l'on fait station, ci-après.

APRÈS TOUTES LES STATIONS.

DOMINE, non secundùm peccata nostra facias nobis, neque secundùm iniquitates nostras retribuas nobis.

Domine, ne memineris iniquitatum nostrarum antiquarum : citò anticipent nos misericordiæ tuæ, quia pauperes facti sumus nimis.

Adjuva nos, Deus, salutaris noster ; et propter gloriam nominis tui, Domine, libera nos, et propitius

SEIGNEUR, ne nous traitez pas comme nous le méritons par nos péchés, et ne nous punissez pas selon nos iniquités.

Seigneur, ne vous souvenez pas de nos anciennes iniquités : que vos miséricordes nous préviennent au plus tôt, parce que nous sommes devenus pauvres à l'excès.

Aidez-nous, ô Dieu, notre sauveur ; délivrez-nous, Seigneur, pour la gloire de votre nom, et pardonnez-nous nos péchés à cause de votre nom.

esto peccatis nostris propter nomen tuum.

PSAUME 116.

NATIONS, louez toutes le Seigneur; louez-le tous, peuples de la terre.

Louez - le de ce qu'il ne cesse pas de nous faire miséricorde : la vérité du Seigneur demeure éternellement.

Gloire au Père, etc.

Prions.

SEIGNEUR, prévenez, s'il vous plaît, nos actions en nous les inspirant, et achevez-les en nous aidant, afin que toutes nos paroles et toutes nos œuvres commencent et finissent toujours par vous. Nous vous en prions.

Que le Seigneur tout-puissant et miséricordieux, Père, Fils et Saint-Esprit nous bénisse et nous conserve.

LAUDATE Dominum, omnes gentes : laudate eum, omnes populi.

Quoniam confirmata est super nos misericordia ejus : et veritas Domini manet in æternum.

Gloria Patri, etc.

Oremus.

ACTIONES nostras, quæsumus, Domine, aspirando præveni et adjuvando prosequere, ut cuncta nostra oratio et operatio à te semper incipiat, et per te cœpta finiatur; Per Christum.

Benedicat et custodiat nos omnipotens et misericors Dominus, Pater, et Filius, et Spiritus sanctus. Amen.

ANTIENNE DE SAINT DENIS.

Tradidimus vobis non solùm Evangelium Dei, sed etiam animas noſtras, quoniam carissimi nobis facti estis.

℣ Dominus dabit voci suæ vocem virtutis :

℞. Date gloriam Deo.

Oremus.

DEUS, innocentiæ restitutor et amator, dirige ad te tuorum corda famulorum : ut quos sanctorum Martyrum Dionysii sociorumque ejus prædicatione, de infidelitatis tenebris liberasti, numquam à tuæ veritatis luce discedant ; Per Christum Dominum nostrum.

Nous vous avons non-seulement annoncé l'Evangile de Dieu, mais nous vous avons donné aussi notre propre vie, tant étoit grand l'amour que nous vous portions.

℣. Le Seigneur va faire entendre une voix puissante :

℞. Glorifiez le Dieu suprême.

Prions.

O Dieu, qui aimez l'innocence, et qui la rendez à ceux qui l'ont perdue ; tournez vers vous les cœurs de vos serviteurs, afin que ceux que vous avez tirés des ténèbres de l'infidélité par la prédication des saints Martyrs Denis et ses compagnons ne s'écartent jamais de la lumière de votre vérité; Nous.... par.

ANTIENNE DE SAINT MARCEL.

Curavit gentem suam, et liberavit eam à perditione, et adeptus est gloriam in conversatione gentis.

Il a eu soin de son peuple, et l'a délivré de la perdition : il s'est acquis une grande gloire par toute sa conduite.

℣. Le Seigneur a glorifié son Christ :

℟. Et il l'exaucera du ciel, qui est son sanctuaire.

Prions.

O Dieu, qui après avoir élevé en honneur sur la terre le saint Pontife Marcel, le couronnez d'une gloire éternelle dans le ciel ; nous vous demandons qu'il nous protège sans cesse auprès de vous par son intercession, puisque nous avons la confiance qu'il est encore par sa charité notre pasteur et notre père ; Par.

℣. Salvum fecit Dominus Christum suum :

℟. Exaudiet illum de cœlo sancto suo.

Oremus.

Deus, qui beatum Marcellum Pontificem mirificasti in terris, et in cœlis æternùm glorificas : quæsumus, ut ejus apud te jugiter intercessio nos protegat, quem nostrum esse perpetuâ caritate pastorem et patrem confidimus ; Per Christum.

ANTIENNE DE SAINTE GENEVIÈVE.

Le Seigneur vous a bénie ; il vous a soutenue de sa force ; et il a rendu aujourd'hui votre nom si célèbre, que les hommes ne cesseront jamais de vous louer. Maintenant voyez l'extrême affliction de votre peuple, et intercédez auprès de notre Dieu pour empêcher sa ruine.

℣. Vous m'avez conduit selon votre volonté, Seigneur ;

Benedixit te Dominus in virtute sua ; et nomen tuum ita magnificavit, ut non recedat laus tua de ore hominum. Et nunc respice angustias et tribulationem generis tui, et subveni ruinæ ante conspectum Dei nostri.

℣. In voluntate tua deduxisti me, Domine ;

℞. Et cum gloria suscepisti me.

℞. Et vous m'avez glorifié en me recevant dans votre sein. Prions.

Oremus.

DEUS, qui misericorditer beatam virginem Genovefam ab infantia deduxisti, camque miraculorum gloriâ ad plebis tuæ præsidium decorare dignatus es; tribue nos vias tuas constanter sequi, et auxiliis temporalibus, ipsâ intercedente, non destitutos, æterna bona toto corde concupiscere; Per Christum Dominum nostrum.

O Dieu, qui dans votre miséricorde avez conduit sainte Geneviève dès son enfance, et qui, pour l'avantage de votre peuple, l'avez rendue célèbre par le don des miracles; faites que nous marchions constamment dans vos voies, et qu'en obtenant de vous, par son intercession, les secours temporels dont nous avons besoin, nous tendions de tout notre cœur à la possession des biens éternels; Nous... par Jésus-Christ.

POUR LES FIDÈLES DÉFUNTS.

PSAUME 129.

DE profundis clamavi ad te, Domine; Domine, exaudi vocem meam.

Fiant aures tuæ intendentes in vocem deprecationis meæ.

Si iniquitates observaveris, Domine; Domine, quis sustinebit?

DU fond de l'abîme, Seigneur, je pousse des cris vers vous : Seigneur, écoutez ma voix.

Que vos oreilles soient attentives à la voix de ma prière.

Si vous tenez un compte exact des iniquités, ô mon Dieu! qui pourra, Seigneur! subsister devant vous?

Mais vous êtes plein de miséricorde, et j'espère en vous, Seigneur, à cause de votre loi.

Mon ame attend l'effet de vos promesses : mon ame a mis toute sa confiance dans le Seigneur.

Que depuis le matin jusqu'au soir Israël espère dans le Seigneur.

Car le Seigneur est rempli de bonté, et on trouve en lui une rédemption abondante.

C'est lui qui rachetera Israël de toutes ses iniquités.

Donnez-leur, Seigneur, le repos éternel, et faites luire sur eux la lumière éternelle.

Prions.

O Dieu, qui êtes le créateur et le rédempteur de tous les fidèles, accordez aux ames de vos serviteurs et de vos servantes la rémission de leurs péchés, afin qu'elles obtiennent, par les très-humbles prières de votre Eglise, le pardon qu'elles ont toujours ardemment souhaité ; Vous qui.

Quia apud te propitiatio est, et propter legem tuam sustinui te, Domine.

Sustinuit anima mea in verbo ejus : speravit anima mea in Domino.

A custodia matutina usque ad noctem speret Israel in Domino.

Quia apud Dominum misericordia, et copiosa apud eum redemptio.

Et ipse redimet Israel ex omnibus iniquitatibus ejus.

Requiem æternam dona eis, Domine, et lux perpetua luceat eis.

Oremus.

FIDELIUM, Deus, omnium conditor et redemptor, animabus famulorum famularumque tuarum remissionem cunctorum tribue peccatorum, ut indulgentiam, quam semper optaverunt, piis supplicationibus consequantur ; Qui vivis et regnas.

CANTIQUE D'ACTIONS DE GRACES.

TE Deum laudamus,* te Dominum confi-temur.

Te æternum Patrem* omnis terra veneratur.

Tibi omnes Angeli, * tibi cœli et universæ Potestates ;

Tibi Cherubim et Se-raphim * incessabili vo-ce proclamant :

Sanctus ,
Sanctus,
Sanctus ,
Dominus * Deus Sa-baoth.

Pleni sunt cœli et terra * majestatis glo-riæ tuæ.

Te gloriosus * Apo-stolorum chorus ,

Te Prophetarum * laudabilis numerus ,

Te Martyrum candi-datus * laudat exerci-tus.

Nous vous adorons Dieu tout-puissant, et nous vous reconnoissons pour le Seigneur de l'univers.

Toute la terre vous ré-vère comme le Père et la source éternelle de tout être.

Les Anges, et toutes les Puissances célestes ;

Les Chérubins et les Séraphins chantent sans cesse pour vous rendre hommage :

Saint ,
Saint ,
Saint ,
Est le Seigneur le Dieu des armées.

Les cieux et la terre sont remplis de la gran-deur et de l'éclat de votre gloire.

L'illustre chœur des Apôtres,

La respectable multi-tude des Prophètes ,

La brillante armée des Martyrs célèbre vos louan-ges.

L'Eglise sainte répandue par tout l'univers, confesse et publie votre nom,

O Père, dont la majesté est infinie ;

Elle adore votre Fils unique et véritable ;

Et le Saint-Esprit consolateur.

Vous êtes le Roi de gloire, ô Jésus.

Vous êtes le Fils éternel du Père.

Vous n'avez point dédaigné de vous revêtir de la nature humaine dans le sein d'une Vierge, pour sauver les hommes.

Vous avez brisé l'aiguillon de la mort, et vous avez ouvert aux fidèles le royaume des cieux,

Vous êtes assis à la droite de Dieu dans la gloire de votre Père.

Nous croyons que vous viendrez un jour juger l'univers.

Nous vous supplions donc de secourir vos serviteurs, que vous avez rachetés de votre sang précieux.

Mettez-nous au nom-

Te per orbem terrarum * sancta confitetur Ecclesia,

Patrem * immensæ majestatis ;

Venerandum tuum verum, * et unicum Filium ;

Sanctum quoque * paracletum Spiritum.

Tu Rex gloriæ, * Christe :

Tu Patris * sempiternus es Filius.

Tu, ad liberandum suscepturus hominem, * non horruisti Virginis uterum.

Tu, devicto mortis aculeo, * aperuisti credentibus regna cœlorum.

Tu ad dexteram Dei sedes * in gloria Patris.

Judex crederis * esse venturus.

Te ergo quæsumus, famulis tuis subveni, * quos pretioso sanguine redemisti.

Æterna fac * cum

Sanctis tuis in gloria numerari.

Salvum fac populum tuum, Domine, * et benedic hæreditati tuæ.

Et rege eos, * et extolle illos usque in æternum.

Per singulos dies * benedicimus te;

Et laudamus nomen tuum in sæculum, * et in sæculum sæculi.

Dignare, Domine, die isto * sine peccato nos custodire.

Miserere nostrî, Domine, * miserere nostrî.

Fiat misericordia tua, Domine, super nos, * quemadmodum speravimus in te.

In te, Domine, speravi, * non confundar in æternum.

bre de vos Saints, pour jouir avec eux de la gloire éternelle.

Seigneur, sauvez votre peuple, et bénissez ceux que vous avez choisis pour votre héritage.

Conduisez-les et élevez-les jusque dans l'éternité bienheureuse.

Nous vous bénissons tous les jours;

Et nous louons votre nom à jamais, et dans la suite de tous les siècles.

Daignez, Seigneur, nous conserver en ce jour purs et sans péché.

Ayez pitié de nous, Seigneur, ayez pitié de nous.

Répandez sur nous vos miséricordes, Seigneur, selon que nous avons espéré en vous.

Car c'est en vous, Seigneur, que j'ai mis mon espérance : ne permettez pas que je sois confondu à jamais.

INVOCATION DES SAINTS

qu'on doit prier en chaque église stationale , outre ceux
qui sont nommés ci-dessus.

*(On ne répètera pas les noms des Saints qu'on aura déjà in-
voqués dans la station où l'on est, s'ils se trouvent encore nommés ici.)*

A Notre-Dame.

Sancte Joannes Baptis-
   ta,   ora pro nobis.
Sancte Andrea,   ora.
Sancte Philippe,   ora.
Sancte Stephane,   ora.
Sancte Dionysi cum so-
   ciis tuis,   ora.
Sancte Blasi ,   ora.
Sancte Lucane,   ora.
Sancte Justine,   ora.
Sancti Cosma et Da-
   miane,   orate.
Sancte Sebastiane, ora.
Sancte Marcelle,   ora.
Sancte Germane,   ora.
Sancte Ceraune,   ora.
Sancte Landerice,   ora.
Sancte Gendulphe, ora.
Sancte Eligi ,   ora.
Sancte Rigoberte,   ora.
Sancte Cerboni,   ora.
Sancte Guillelme,   ora.
Sancte Severine,   ora.
Sancte Clodoalde,   ora.
Sancta Genovefa,   ora.

A Sainte - Geneviève - du Mont.

Sancte Petre,   ora.
Sancte Paule,   ora.
Sancte Ceraune ,   ora.
Sancta Genovefa,   ora.
Sancta Auda,   ora.
Sancta Clotildis,   ora.

A la Magdeleine.

Regina Sanctorum om-
   nium ,   ora.
Sancte Lazare,   ora.
Sancta Maria,   ora.
Sancta Martha,   ora.
Sancta Maria Magda-
   lena ,   ora.

A Saint - Louis de la Chaussée d'Antin.

Sancte Ludovice,   ora.

A Saint - Philippe du Roule.

Sancte Philippe,   ora.
Sancte Jacobe,   ora.
Sancte Frambalde, ora.

A Saint - Pierre de Chaillot.

Sancte Petre,   ora.
Sancte Paule,   ora.

A Saint-Roch.

Sancte Roche,   ora.
Sancta Susanna,   ora.
Per Plagas tuas, libera.

A Notre-Dame de Lorette.

Sancta Dei Genitrix, or.
Sancte Joannes Baptista,   ora.

A Saint-Eustache.

Sancte Joseph,   ora.
Sancte Eustachi cum sociis tuis,   ora.
Sancta Agnes,   ora.

A Notre-Dame des Victoires.

Auxilium christianorum,   ora.
Sancte Augustine, ora.

A Notre-Dame de Bonne-Nouvelle.

Causa nostræ lætitiæ, or.
Sancte Ludovice,   ora.
Sancta Barbara,   ora.
Per mysterium sanctæ Incarnationis tuæ, libera.

A Saint - Germain-l'Auxerrois.

Sancte Vincenti,   ora.
Sancte Germane,   ora.
Sancte Landerice, ora.

Sancte Vulfranne, ora.
Sancta Benedicta,   ora.

A Saint-Laurent.

Sancte Joannes Baptista,   ora.
Sancte Laurenti,   ora.
Sancte Domnole,   ora.
Sancte Hildeverte,   ora.
Sancta Apollonia,   ora.

A Saint - Vincent de Paul.

Sancte Vincenti à Paulo,   ora.
Sancta Anna,   ora.

Aux Incurables-Hommes, faubourg Saint-Martin.

Salus infirmorum, ora.
Sancte Joseph,   ora.
Sancte Vincenti à Paulo,   ora.

A Saint-Nicolas-des-Champs.

Sancte Joannes,   ora.
Sancte Nicolae,   ora.
Sancta Cæcilia,   ora.

A Saint-Leu.

Sancti Angeli custodes nostri,   orate.
Sancte Lupe,   ora.
Sancte Ceraune,   ora.
Sancte Ægidi,   ora.
Sancta Cordula,   ora.
Sancta Helena,   ora.
Sancta Clotildis,   ora.

A Sainte-Elisabeth.
Sancta Elisabeth,   ora.
A la chapelle du Temple.
Sancte Benedicte,   ora.
Sancte Ludovice,   ora.
Sancta Scholastica, ora.

A Saint-Merry.
Sancte Petre,   ora.
Sancte Jacobe,   ora.
Sancte Mederice,   ora.
Sancte Frondulfe,   ora.
Sancte Leonarde,   ora.
Sancta Agatha,   ora.
Sancta Maria Ægyptia,
   ora.

*A Notre-Dame
des Blancs-Manteaux.*
Sancta Maria,   ora.
Sancte Benedicte,   ora.
Per mysterium sanctæ
   Incarnationis tuæ, li-
   bera nos.

*A Saint-Jean-Saint-
François.*
Sancte Joannes Baptis-
   ta,   ora.
Sancte Francisce,   ora.

*A Saint-Denis du Saint-
Sacrement.*
Jesu, panis vivus qui de
   cœlo descendisti, mi-
   serere nobis.
Sancte Dionysi cum so-
   ciis tuis,   ora.

A Sainte-Marguerite.
Sancte Paule,   ora.

Sancte Barnaba,   ora.
Sancta Margareta, ora.
*A Saint-Antoine aux
Quinze-Vingts.*
Omnes sancti Angeli,
   orate.
Sancte Remigi,   ora.
Sancte Antoni,   ora.
Sancte Ludovice,   ora.
*A Saint-Ambroise de
Popincourt.*
Sancte Ambrosi,   ora.
Sancta Joanna Valesia,
   ora.
*Aux Orphelins, rue du
faub. Saint-Antoine.*
Sancte Vincenti à Pau-
   lo,   ora.
Per Infantiam tuam, li-
   bera.
A Saint-Gervais.
Sancti Gervasi et Prota-
   si,   orate.
Sancte Vitalis,   ora.
*A Saint-Paul et Saint-
Louis.*
Sancte Petre,   ora.
Sancte Paule,   ora.
Sancte Eligi,   ora.
Sancte Ludovice,   ora.
Sancta Aurea,   ora.
A Saint-Louis en l'Ile.
Sancte Ludovice,   ora.
A l'Hôtel-Dieu.
Sancte Joannes Baptis-
   ta,   ora.

Sancte Augustine, ora.
*A Saint-Thomas
d'Aquin.*
Sancte Thomas Aquinas,
ora.
A l'Abbaye-aux-Bois.
Mater cujus animam gla-
dius doloris pertransi-
vit, ora.
Regina Sanctorum om-
nium, ora.
Sancte Bernarde, ora.
*Aux Missions-Etran-
gères.*
Sancte Francisce Xaveri,
ora.

*A Saint-Louis des
Invalides.*
Sancte Ludovice, ora.
A Sainte-Valère.
Sancta Valeria, ora.
*Aux Incurables, rue de
Sèvres.*
Salus infirmorum, ora.
Per mysterium sanctæ
Incarnationis tuæ, li-
bera.
*A l'hospice des Ménages,
dit les Petites-Maisons.*
Per Transfigurationem
tuam, libera.
A Saint-Sulpice.
Sancte Petre, ora.
Sancte Sulpiti, ora.

*A Saint-Germain des
Prés.*
Sancte Vincenti, ora.
Sancti Georgi et Aureli,
orate.
Sancte Germane, ora.
Sancte Benedicte, ora.
Sancte Maure, ora.
Sancte Droctovæe, ora.
Sancte Leufrede ora.
Sancte Venanti, ora.
Sancta Natalia, ora.
Per Crucem tuam, lib.
A Saint-Severin.
Sancte Joannes Baptis-
ta, ora.
Sancte Clemens, ora.
Sancte Mamas, ora.
Sancte Martine, ora.
Sancte Severine, ora.
*Aux Carmélites, rue de
Vaugirard.*
Regina Martyrum, ora.
Regina Confessorum,
ora.
Sancte Joseph, ora.
Sancte Joannes à Cruce,
ora.
Sancta Theresia, ora.
*A Saint-Etienne-du-
Mont.*
Sancte Stephane, ora.
Sancta Genovefa, ora.
*A Saint-Nicolas-du-
Chardonnet.*
Sancte Victor, ora.

Sancte Clare, ora.
Sancte Nicolae, ora.
Sancta Catharina, ora.
A Saint-Jacques-du-Haut-Pas.
Sancte Philippe, ora.
Sancte Jacobe, ora.
A Saint-Médard.
Sancte Marcelle, ora.
Sancte Medarde, ora.
Sancta Genovefa, ora.
A l'église de Sorbonne.
Jesu, sapientia æterna, miserere.
Sancte Ludovice, ora.
Sancta Ursula, ora.
Sancta Euphemia, ora.
Au Val-de-Grâce, rue Saint-Jacques.
Jesu Fili Mariæ Virginis, miserere.
Mater Christi, ora.
Per Infantiam tuam, libera.
A l'Eglise des Dames du Refuge, dites de Saint-Michel, rue Saint-Jacques.
Virgo purissima, ora.

Refugium peccatorum, ora.
Sancte Michael, ora.
A Saint-Louis de la Salpétrière.
Jesu Pater pauperum, miserere.
Sancti Angeli custodes nostri, orate.
Sancte Dionysi cum sociis tuis, ora.
Sancte Ludovice, ora.
A la Pitié, rue Saint-Victor.
Jesu patientissime, miserere nobis.
Mater cujus animam gladius doloris pertransivit, ora.
Salus infirmorum, ora.
Sancte Thoma de Villanova, ora.
A la Visitation, rue Neuve-Saint-Etienne.
Sancta Maria, ora.
Sancte Francisce Salesi, ora.
Sancta Joanna Francisca, ora.

CHAPELLES STATIONALES

POUR LE ROI ET LA FAMILLE ROYALE.

Au château des Thuileries.

Virgo potens,	ora.
Sedes sapientiæ,	ora.

A la chapelle expiatoire, rue d'Anjou, paroisse Sainte-Magdeleine.

Virgo clemens,	ora.
Consolatrix afflictorum,	ora.

FIN.

www.ingramcontent.com/pod-product-compliance
Ingram Content Group UK Ltd.
Pitfield, Milton Keynes, MK11 3LW, UK
UKHW020310130726
13696UKWH00003B/972